INTELIGÊNCIA ARTIFICIAL em MARKETING e VENDAS

Fernando Teixeira

Diretor de Estratégia da
Adobe na América Latina

Ilustrações: **Beatriz Ribeiro Teixeira**

INTELIGÊNCIA ARTIFICIAL em MARKETING e VENDAS

ALTA BOOKS
EDITORA

Rio de Janeiro, 2021

Inteligência Artificial em Marketing e Vendas

Copyright © 2021 da Starlin Alta Editora e Consultoria Eireli.
ISBN: 978-65-5520-491-9

Todos os direitos estão reservados e protegidos por Lei. Nenhuma parte deste livro, sem autorização prévia por escrito da editora, poderá ser reproduzida ou transmitida. A violação dos Direitos Autorais é crime estabelecido na Lei nº 9.610/98 e com punição de acordo com o artigo 184 do Código Penal.

A editora não se responsabiliza pelo conteúdo da obra, formulada exclusivamente pelo(s) autor(es).

Marcas Registradas: Todos os termos mencionados e reconhecidos como Marca Registrada e/ou Comercial são de responsabilidade de seus proprietários. A editora informa não estar associada a nenhum produto e/ou fornecedor apresentado no livro.

Impresso no Brasil — 1ª Edição, 2021 — Edição revisada conforme o Acordo Ortográfico da Língua Portuguesa de 2009.

Erratas e arquivos de apoio: No site da editora relatamos, com a devida correção, qualquer erro encontrado em nossos livros, bem como disponibilizamos arquivos de apoio se aplicáveis à obra em questão.

Acesse o site www.altabooks.com.br e procure pelo título do livro desejado para ter acesso às erratas, aos arquivos de apoio e/ou a outros conteúdos aplicáveis à obra.

Suporte Técnico: A obra é comercializada na forma em que está, sem direito a suporte técnico ou orientação pessoal/exclusiva ao leitor.

A editora não se responsabiliza pela manutenção, atualização e idioma dos sites referidos pelos autores nesta obra.

Dados Internacionais de Catalogação na Publicação (CIP) de acordo com ISBD

T266i Teixeira, Fernando
Inteligência artificial em marketing e vendas: um guia para gestores de PEQUENAS, MÉDIAS e GRANDES empresas / Fernando Teixeira ; ilustrado por Beatriz Ribeiro Teixeira. - Rio de Janeiro, RJ : Alta Books, 2021.
288 p. : il. ; 17cm x 24cm.

Inclui índice.
ISBN: 978-65-5520-491-9

1. Administração. 2. Negócios. 3. Inteligência artificial. 4. Marketing. 5. Vendas. I. Teixeira, Beatriz Ribeiro. II. Título.

CDD 658.4012
CDU 65.011.4

2021-2911

Elaborado por Vagner Rodolfo da Silva - CRB-8/9410

Rua Viúva Cláudio, 291 — Bairro Industrial do Jacaré
CEP: 20.970-031 — Rio de Janeiro (RJ)
Tels.: (21) 3278-8069 / 3278-8419
www.altabooks.com.br — altabooks@altabooks.com.br

Produção Editorial
Editora Alta Books

Gerência Comercial
Daniele Fonseca

Editor de Aquisição
José Rugeri
acquisition@altabooks.com.br

Produtores Editoriais
Illysabelle Trajano
Maria de Lourdes Borges
Thales Silva
Thiê Alves

Marketing Editorial
Livia Carvalho
Gabriela Carvalho
Thiago Brito
marketing@altabooks.com.br

Equipe de Design
Larissa Lima
Marcelli Ferreira
Paulo Gomes

Diretor Editorial
Anderson Vieira

Coordenação Financeira
Solange Souza

Assistente Editorial
Luana Goulart

Equipe Ass. Editorial
Brenda Rodrigues
Caroline David
Luana Rodrigues
Mariana Portugal
Raquel Porto

Equipe Comercial
Adriana Baricelli
Daiana Costa
Fillipe Amorim
Kaique Luiz
Victor Hugo Morais
Viviane Paiva

Atuaram na edição desta obra:

Revisão Gramatical
Aline Vieira
Flavia Carrara

Capa
Rita Motta

Diagramação
Heric Dehon

Ouvidoria: ouvidoria@altabooks.com.br

Editora afiliada à:

Sobre o autor

Fernando Gracioli Teixeira: Com mais de 20 anos de experiência em marketing, comunicação digital e inteligência artificial, Fernando se formou no MBA de Inovação do MIT (Boston-EUA) em 2015. Anos antes, concluiu diversos cursos, dentre eles o de General Management no INSEAD (França-2012), MBA em Marketing na FGV (2004), pós-graduação em Design Gráfico na Anhembi Morumbi (2002), além da graduação em Publicidade na PUC-Campinas, em 1998.

Começou sua carreira profissional na área de criação como designer gráfico, em 1995; depois como web designer em uma agência própria em 1997, até ocupar a mesma função no Arremate.com, uma daquelas empresas digitais que estourou na bolha dos anos 2000. Depois disso, cresceu na área de negócios como gerente de contas na RappDigital, diretor e VP de Atendimento na Wunderman, diretor da Razorfish no Brasil e diretor de operações digitais para Lowe (grupo IPG) e Grey (grupo WPP). Depois de sua imersão no MIT e de passagens por consultorias de startup, chegou à direção de estratégia e soluções da Adobe para América Latina, em 2018.

Teixeira também é investidor de startups e membro da Anjos do Brasil, além de palestrante em eventos nacionais e internacionais para milhares de pessoas. Teixeira escreve para revista *MIT Technology Review Brasil* e é professor convidado do MBA Digital da FGV.

Dedicatória

Para meus filhos, Manuela e Felipe.

Amo vocês.

Agradecimentos

Aos meus pais Rubens e Maria Inês, que me ensinaram os valores éticos, de alegria, gratidão e garra para conquistar tudo na vida. Aos meus irmãos, pela companhia e amizade de sempre, em especial ao Duda Teixeira, pelas dicas de um experiente escritor. À minha esposa Júlia, pelo amor, carinho e cuidado que acompanham a mim e à nossa família.

Já dizia Vinícius de Moraes: "A vida é a arte do encontro". E eu tive a sorte de encontrar pessoas incríveis que me ajudaram diretamente com este livro em entrevistas e indicações, assim como colaborações indiretas de pessoas que têm me ensinado muito sobre o tema nos últimos anos. Meu MUITO OBRIGADO a vocês, se eu não os tivesse encontrado, não teria escrito este livro (em ordem alfabética): Adriana Silva, Alexandre Gornatti, Cesar Moura, Cristiano Santos, Diego Senise, Eduardo Lins, Eduardo Barella, Eldes Mattiuzzo, Fabio Camargo, Federico Grosso, Fernando Migrone, Fabio Toreta, Francisco Castro — Chicão —, Gabriela Viana, Gilberto Ugalde, Gustavo Zobaran, Juliano Martinez, Kendji Wolf , Mateus Lopes, Marcelo Tripoli, Marcus de Amorim, Mauricio Castro, Milena, Otavio Freire, Paulo Brancaglion, Renata Benigna, Renato Mendes, Riccardo Ferraris, Rogerio Nogueira, Stella Guillaumon e Thiago Lee.

Sumário

PARTE I: Desmistificando a IA aplicada a Marketing e Negócios

Capítulo 1: **Uma nova forma de fazer negócios** — 3
A história do matemático que virou diretor de marketing e depois CEO

Capítulo 2: **Os impactos da IA nos negócios e os desafios do Marketing** — 21
Das previsões das consultorias até o fosso entre marcas e consumidores

Capítulo 3: **O que é o Marketing Elevado à IA** — 41
Definição, pilares e capacidades essenciais dos novos profissionais

Capítulo 4: **As diferenças entre Marketing, do Digital ao Elevado à IA** — 55
Dos cinco macacos até a campanha da reeleição de Barack Obama

Capítulo 5: **Desconstruindo a IA para construir um novo Marketing** — 71
Como uma seguradora reduziu o custo de aquisição pela metade e um varejista economiza milhões em compra de estoque todos os anos

Capítulo 6: **Como a IA cria valor para as empresas e para a sociedade** — 89
O marketing do bem, fazendo um mundo melhor

Capítulo 7: **A inteligência por trás do artificial** — 97
Como são feitos os cálculos do marketing preditivo

Capítulo 7A: **As chances de cancelamento em serviços de assinatura** — 105
Como prever e agir em uma operadora de celular

Capítulo 7B: **"O quanto de uma coisa" Utilizando predição para otimizar a compra de mídia** — 121
Regressão linear, custo de aquisição e valor do cliente no tempo

Capítulo 7C: **"Identificando indivíduos"** — 143
Como funcionam as recomendações de produtos no e-commerce, os terríveis banners de retargeting e as DMPs

PARTE II: Nas próximas histórias vou suprimir a parte técnica de modelagem, acurácia, regressão e cálculos para focar nos problemas de negócio, na criatividade e nas aplicações de IA recheadas de estatística e computação.

Capítulo 8: **Offline, Social & Data-driven"**   **163**
Vendedores, Gestores, Redes Sociais e NPS

Capítulo 9: **Revisando KPIs**   **179**
As revoluções no call center e nas vendas corporativas baseadas em conceitos de Economia e muita criatividade
O poder da geração de hipóteses

Capítulo 10: **Modelos avançados de métricas e otimização – mix, variância e atribuição**   **187**
O fim do "é impossível medir tudo"

Capítulo 11: **Produtos elevados à IA**   **201**
Quando os negócios vão muito além do marketing
Quando o marketing vai muito além do marketing

PARTE III: Tudo que você e sua empresa precisam, além dos conhecimentos de estatística, negócio e computação, para lançar projetos elevados à IA com sucesso

Capítulo 12: **Visão analítica, viés, testes A/B e métricas**   213
Como não ser só mais um macaco no meio dos jatos d'água

Capítulo 13: **Como construir equipes de alta performance**   227
O maior segredo por trás do Marketing Elevado à IA

Capítulo 14: **Os 8 Passos do Marketing Elevado à IA**   237
O que as histórias deste livro têm em comum

Capítulo 15: **Conclusão**   255
O começo do fim do marqueteiro tradicional

ANEXO: **Teste Completo**   263

Índice   269

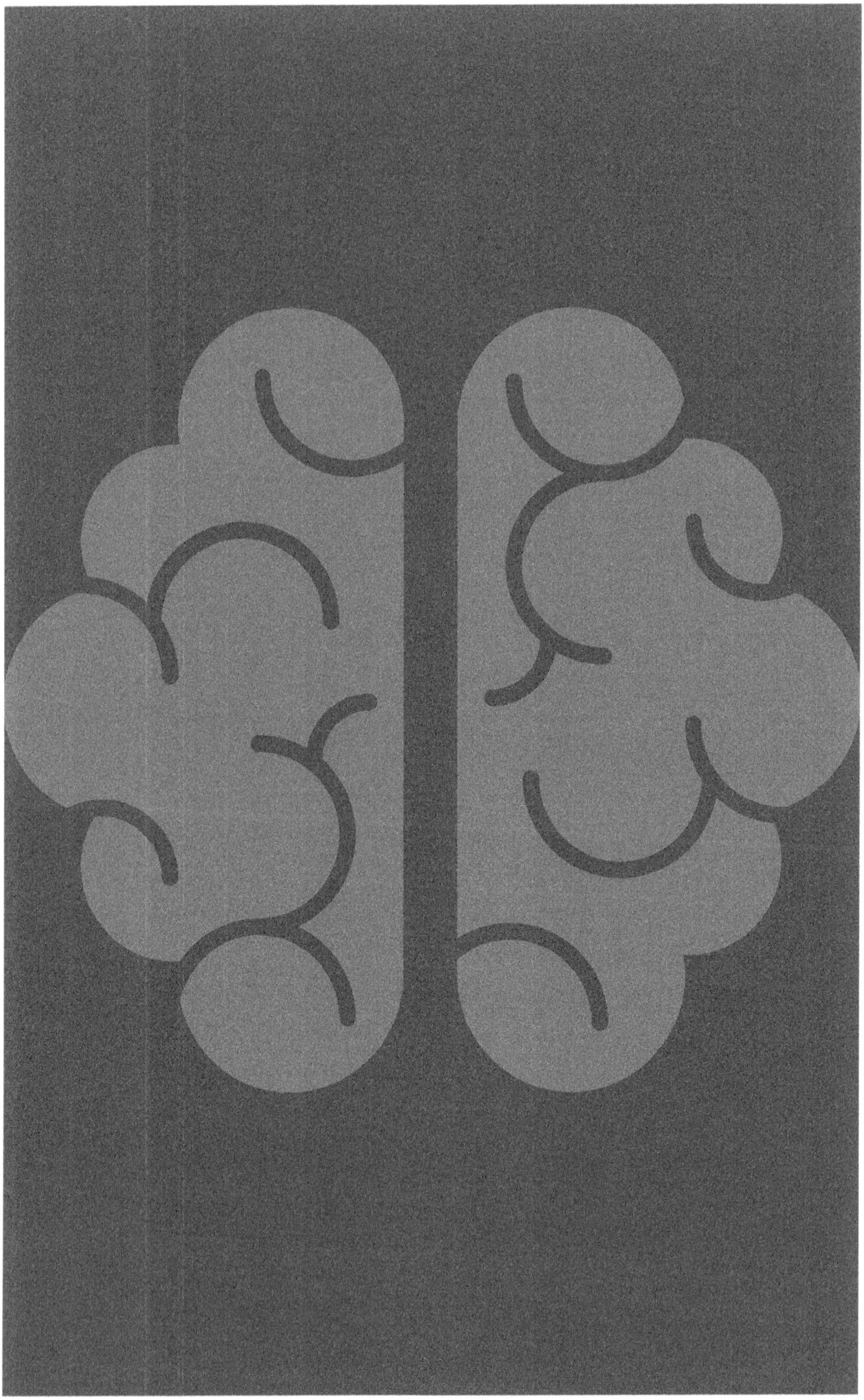

PARTE I

Desmistificando a IA aplicada a Marketing e Negócios

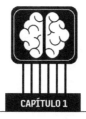

CAPÍTULO 1

Uma nova forma de fazer negócios

A história do matemático que virou diretor de marketing e depois CEO

> *"Quando você achar óbvio, já é tarde"*
> **Salim Ismail** – Singularity University

A IDEIA DE ESCREVER ESTE LIVRO NASCEU QUANDO EU ESTAVA FAZENDO UMA palestra sobre tecnologia para diretores de marketing e vendas de empresas. Discorria sobre os temas Martech e Marketing Cloud (vou abordá-los neste livro mais à frente), até que o diretor de marketing de uma grande empresa de bens de consumo fez uma pergunta que me chamou a atenção. Ele disse:

> *"Ok, Fernando, entendi que existem tecnologias incríveis no mercado, porém eu ainda vejo empresas gastando milhões em tecnologia e inteligência artificial e, mesmo assim, entregando uma péssima experiência para seus clientes. Na sua visão, o que está faltando?"*

Eu comecei dizendo:

> *"Daria para escrever um livro para explicar tudo que vem por trás (ou antes) da tecnologia: do pensamento analítico, passando pelo processo científico e pelos conhecimentos de modelos de propensão até a forma de gerenciar equipes, metas e incentivos..."*

Como eu disse, "daria para escrever um livro..."

...e deu!

Este livro tem como objetivo ajudar profissionais das áreas de **marketing, produtos e vendas**, de **todos os tamanhos e setores de empresa, em qualquer cargo**, a crescer **usando o poder da inteligência artificial** para **alavancar e escalar negócios**. Isso inclui tecnologia e vai muito além, com orientação analítica, organização de times, incentivos, conhecimentos (mínimos) de estatística e até uma análise dos vícios no marketing tradicional e digital.

Este não é um livro técnico para estatísticos ou cientistas de dados, e sim para **profissionais de negócios** aprenderem a **usar dados com inteligência** na **tomada de decisões**. O título do livro e a linha mestra do meu raciocínio são baseados em marketing, pois acredito que é onde há maior oportunidade de

UMA NOVA FORMA DE FAZER NEGÓCIOS

ruptura, o que chamo de "o começo do fim do marqueteiro tradicional". O conteúdo aqui apresentado, porém, vai além, por dois motivos:

A expansão do marketing: como outros autores já mencionaram em livros de Marketing de Crescimento (Growth Hacking[1], em inglês), o marketing, hoje, deve ir além da atração e aquisição de consumidores e incluir ativação, uso, retenção, receita e recomendação. Dentro das empresas, isso naturalmente passa pelas áreas de vendas e produtos. Quanto mais abertas são as fronteiras entre as áreas (departamentos) e maior o foco em unir dados com inteligência para resolver problemas do negócio, melhor. Uma das histórias que vou contar no livro é de um aplicativo de corridas de carro particular e táxi que usou algoritmos para mudar seu produto e, com isso, reduzir os cancelamentos, ou seja, embora o cancelamento (churn) possa ser entendido por alguns como tarefa de marketing, foi a experiência de produto que resolveu o problema da empresa.

Sempre que eu citar "marketing", lembre-se de que, para mim, ele é bem maior do que a caixinha "criar demanda", ele abrange **todo tipo de melhoria no negócio que passa por interações com o consumidor.**

A expansão da aplicação do conhecimento: em seu crescimento profissional, você deve deparar, em algum momento, com uma mudança por meio da qual complementará seus conhecimentos técnicos com os de gestão de pessoas, equipes e metas. Por isso, depois de dominar os conhecimentos de tomada de decisão com dados presentes neste livro, você vai querer prever, por exemplo, a propensão das pessoas do seu time a pedirem demissão. Vou contar aqui a história de uma seguradora que criou um modelo para prever esse tipo de problema e antever os pedidos dos melhores corretores. Sabendo do custo alto de aquisição

---

1   https://www.americanas.com.br/produto/134381822/hacking-growth-a-estrategia-de-marketing-inovadora-das-empresas-de-crescimento-mais-rapido-1a-ed?pfm_carac=livro%20hacking&pfm_index=8&pfm_page=search&pfm_pos=grid&pfm_type=search_page

para encontrar bons profissionais (entrevistas etc.), o objetivo era reduzir as desistências, aumentando o CLV (Customer Lifetime Value) dessas pessoas na empresa. É a gestão com dados.

Em seu relatório "Previsões para o CMO de 2020", a Forrester reforça os pontos acima, criticando "ideias rígidas sobre o que é e não é marketing" e sugerindo que os CMOs (Chief Marketing Officer — diretor de marketing, em inglês) controlem tudo aquilo que é bom na relação com o consumidor. O que o estudo chama de "obsessão pelo cliente" deve ser "mais forte que a desconexão ou fragmentação da marca" e será resultado de uma "costura perfeita entre experiência do consumidor, valores e empresa, experiência do funcionário e o próprio marketing convencional", ou seja, expansão do marketing e das aplicações de conhecimentos.

A inteligência artificial tem sua base no casamento da **estatística** com a **computação**, que neste livro apresentarei de uma forma simples de entender e de replicar, usando, em alguns casos, exercícios que podem ser feitos até em Excel. Mas seu impacto só é explosivo nos negócios quando combinado o lado técnico com a **criatividade**, o **mundo analítico**, a **autonomia dos times** e as ferramentas na nuvem; só assim obteremos valor ao máximo.

O uso de IA em marketing e nos negócios não é um produto caro que você vai encontrar numa prateleira entre outras opções, como CRM e ERP, e milagrosamente resolverá seus problemas. Na história do varejista que contarei neste livro, uma plataforma milionária de precificação dinâmica foi substituída por um time de quatro pessoas rodando um software gratuito. Perceberam que foram tão eficientes criando as equipes e rodando pilotos durante a preparação para a chegada da plataforma, que quando esta foi implementada, não precisavam mais dela. O custo não valia a pena e a plataforma acabou devolvida. Alguns anos depois, a conversa sobre a plataforma voltou como uma forma de **escalar** as conquistas que tiveram até aqui. Por isso é importante dar um passo atrás antes de investir milhões, preparando pessoas e mudando processos para que esse tipo de adoção aconteça na hora certa, sem colocar o carro à frente dos bois. Este é o foco deste livro.

O universo de conhecimentos que batizei de "marketing elevado à IA" — mas que poderia ser "negócios elevados à IA", "e-commerce elevado à IA", "produtos elevados à IA" etc. — é incrível, apaixonante, viciante e com poucas e dispersas referências de conhecimento. Minha motivação para apostar neste livro só cresceu quando, de tanto pesquisar, notei que, de um lado, existem centenas de livros ótimos sobre ciência de dados, computação e estatística — todos muito técnicos —; e, do outro, há milhares de livros sobre marketing digital, liderança e gestão. Encontrei raras referências que juntam o melhor de cada lado com o foco em marketing e negócios. Esse vale é um universo de oportunidades; para mim e para você.

Existe muita gente boa fazendo a união dessas duas pontas, na raça. Então uni minha experiência de quase 20 anos em marketing digital com os estudos da minha imersão no MBA de inovação no MIT e fui a campo. Entrevistei pessoas espetaculares e empresas fora de série para rechear este livro. Ouvi histórias de sucessos e de fracassos. Estudei até chegar nesta que considero ser uma bagagem mínima, um manual para o profissional de marketing do futuro.

Na minha posição de diretor de estratégia e soluções da Adobe na América Latina — empresa líder em Marketing Cloud, segundo Forrester e Gartner —, tive o privilégio de conversar com presidentes, diretores de marketing, gerentes, analistas, assistentes, agências e parceiros de todos os tipos e nacionalidades, e notei que **existe uma grande falta de conhecimento das oportunidades criadas a partir das aplicações de IA em profissionais de todos os níveis, cargos, países e tamanhos de empresa**. De departamentos de marketing e vendas a parceiros de tecnologia e, principalmente, agências de propaganda. Um universo de conhecimento com possibilidade de criar vantagens competitivas inimagináveis, mas à deriva.

A boa notícia é que esse conhecimento é um vírus do bem. No início ele se mostra invisível, mas quando desperta faz coisas incríveis. O melhor exemplo disso ouvi durante a elaboração do livro, do recém-promovido CMO (diretor de marketing) de um banco. Ele me disse:

"Eu nunca pensei em trabalhar com marketing. Sou matemático de formação e estava cuidando da área de crédito do banco. Fazíamos tudo: comunicação, app, site, call center, e-commerce etc. Éramos uma miniempresa dentro do banco. A verba era pequena e o marketing corporativo não nos dava atenção. Então fiz o que sabia: contratei um cientista de dados e começamos analisando tudo. Montamos modelos estatísticos, criamos algumas estratégias, sendo a principal personalizar ao máximo as interações para os consumidores de acordo com o conhecimento que tínhamos deles, em todo ponto de contato. Isso tinha um motivo, que nós até escrevemos na parede e batizamos de "*O mantra da última vez*": em resumo, ele significava que, como não tínhamos dinheiro aos montes (vide o marketing corporativo), tínhamos de **encarar toda interação com o consumidor como uma oportunidade única, como se fosse a última**. Teríamos de estar sempre prontos para qualquer interação. O termo técnico de se preparar é **propensão**: entender os dados para prever as chances de alguém comprar, converter etc.

Imagine que você terá uma reunião amanhã com um potencial novo cliente para a sua empresa. É óbvio que você vai se preparar, vai ler e tentar entender os desafios dele antes para fazer um golaço na reunião. É como encontrar sua provável sogra pela primeira vez: você certamente vai perguntar à namorada o que a mãe dela gosta, levando o vinho que tem maiores chances de ser aprovado.

No banco, começamos devagar, testamos, aprendemos e, aos poucos, fomos mudando. Não acertamos de primeira, mas com o tempo os resultados começaram a aparecer. Um exemplo foi o custo de aquisição de novos clientes, que caiu durante meses seguidos. No final, nosso custo era 10 vezes menor! Depois foi a vez de reduzir a taxa de cancelamento para menos da metade. E outras conquistas vieram.

Não foi só a execução que mudou. Para chegar a isso, nós tivemos de inventar processos, testar muito, contratar pessoas muito diferentes e mudar a forma como falávamos com as outras áreas do banco, do jurídico ao time de sistemas.

Quando o CMO lá do marketing corporativo foi demitido, o CEO me chamou para substituí-lo. Falei que não sabia nada sobre criar comerciais de TV ou gerir agências de propaganda. Ele, então, me disse: "O que você não sabe não me interessa. O importante é que você sabe aprender."

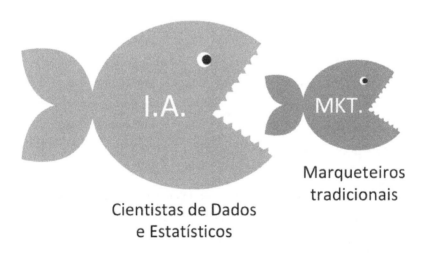

Figura 1: profissionais com origem em ciência de dados, programação e estatística estão chegando e engolindo muitos marqueteiros tradicionais.

O começo do fim do marqueteiro tradicional

Claro que esse desenho da Figura 1 é uma extrapolação e nem todo marqueteiro será engolido, porém quero que essa imagem fique na sua cabeça, assim como aquela história no desenho animado do diabo bom versus diabo mau, que ficam falando na orelha do Pateta. Em um mundo onde muitos dos conceitos e práticas que estamos acostumados a usar como experts do marketing estão sendo atropelados de forma rápida e definitiva por práticas de uso de dados, espero que este livro sirva como o diabinho da IA soprando na sua orelha daqui para a frente.

Um modo de ilustrar essa nova forma de fazer negócios e, principalmente, o impacto que ela pode ter no marqueteiro tradicional é nos imaginar sentados na cadeira do diretor de marketing que trabalha no banco concorrente daquele do exemplo citado.

Nessa história hipotética, você se surpreende com o desempenho do outro banco – que tinha promovido o novato matemático da área de crédito a CMO –, pois os dados mostram que está cada dia mais difícil atrair clientes de lá para o seu banco, ao mesmo tempo em que está aumentando o número de clientes seus que se mudaram para lá. Você investe mais em mala direta e em TV, contrata celebridades, muda o site, implementa um novo *chatbot*, contrata influenciadores, cria eventos, aumenta a força na mídia digital e nas redes sociais. Mas parece que sua caixa de ferramentas não faz mais o efeito que fazia antes.

Você se considera "data-driven", pois está fazendo esses investimentos baseado nos relatórios de migração de clientes e nas pesquisas *focus group* que comprou de institutos. Embora tudo pareça fazer sentido, os resultados não aparecem. Você segue firme e contrata uma consultoria que, depois de muitas reuniões e dezenas de PPTs, te convence a fazer uma série de modificações. Dentre elas está uma nova forma "ágil"

UMA NOVA FORMA DE FAZER NEGÓCIOS

de trabalhar, a criação de um "data lake", a compra de uma famosa ferramenta de inteligência artificial, além, é claro, da troca da sua agência de propaganda. Você rapidamente faz esses ajustes.

O tempo passa e parece uma maratona que nunca chega ao fim. Você adquiriu tudo que imaginava para completar sua caixa de ferramentas, está usando todo seu conteúdo e os efeitos parecem ser marginais. Enquanto isso, você tem a impressão de que aquele outro banco, em silêncio, só cresce.

Você procura um motivo externo: a crise, os problemas técnicos, a troca de agência etc.

Até que ao tentar (sem sucesso) contratar uma profissional do outro banco, durante a entrevista ela te explica que o segredo do concorrente foi uma **reestruturação do departamento e das práticas de marketing e produto usando inteligência artificial**. Segundo ela, "ninguém saiu comprando IA como se fosse um robô para executar as coisas de sempre, eles deram dez passos atrás e mudaram a forma de pensar, jogaram os processos antigos no lixo, contrataram um bando de nerds e até demoliram uns departamentos tradicionais.

Aí você pergunta: "'Só isso fez tanta diferença no outro banco?'"

O problema é que quando você achou que "só isso" é óbvio, pode ser tarde demais.

Esse óbvio dá bastante trabalho. Não é algo que se pode simplesmente terceirizar e deixar na mão de uma agência, consultoria externa ou com aquele grupo de cientistas de dados que fica lá do outro lado da empresa, no porão ou na TI. A empresa em si precisa mudar como ela pensa, como estrutura seus processos, como compra e usa ferramentas, como conecta seus times e sua forma de interagir com os consumidores. É uma mudança silenciosa, que não aparece na capa do jornal mais famoso de marketing no dia seguinte. Ela acontece aos poucos, é sólida e duradoura.

Elevado à IA não é apenas uma nova forma de **executar** o marketing. Ele é uma forma diferente de **pensar**, **estruturar** e, é claro, também de **fazer** um novo marketing, integrando desde produtos até vendas e RH, com uso de **dados** e **inteligência para elevar pessoas e negócios**.

Aumentos de investimento, maior compra de mídia, grandes eventos, modismos digitais criados só para fazer barulho (chatbot, influenciadores, IA etc.), novos patrocínios e celebridades são ferramentas do marketing tradicional que, muitas vezes, servem só como uma fumaça para chamar a atenção dos jornalistas da mídia especializada, do CEO e, às vezes, dos investidores. Com tantas iniciativas ao mesmo tempo, porém, é comum o time do marketing não saber dizer de onde exatamente vem o resultado. Como "é impossível medir tudo" — grande ignorância na minha opinião —, a vida muitas vezes segue o status quo do marketing como ele sempre foi feito e continuará a ser feito.

Mas o mundo mudou, o consumidor está mais conectado e informado do que nunca e os canais de contato com ele também nunca foram tão pulverizados. O consumidor nunca foi tão exigente — até mesmo em relação aos dados que você tem dele. Ao mesmo tempo, empresas nativas digitais e startups mostram o que se pode fazer com tantos dados bem trabalhados, criando novos produtos, mudando estratégias e inovando em interações e experiências. A concorrência nunca foi tão grande e tão rápida.

Nas empresas onde o pensamento de marketing elevado à IA não existe, há uma dependência química de uma fumaça barulhenta, facilmente vista em um **ciclo infinito de gastar mais e mais**. Isso hoje é insustentável. Exemplos se estendem por toda parte. A começar por diretores de marketing que frequentam e são premiados de forma recorrente em eventos proprietários ou patrocinados por grandes veículos de mídia. Nestes, quanto mais se abrem os cofres investindo em compra de anúncios, mais premiado é o profissional. O mesmo se aplica à imprensa especializada de marketing e propaganda, faminta por notícias que vangloriam o aumento dos investimentos nas manchetes.

Figura 2: prêmio de marketing

Na última Black Friday, um exemplo me chamou a atenção. Semanas antes, o CMO dizia que "o investimento em mídia seria 20% superior ao do ano anterior" e "a exposição da marca seria mais do que o dobro do que foi o do principal concorrente no ano passado". Após a Black Friday, o mesmo CMO deu diversas entrevistas dizendo que os resultados foram "excelentes", apresentando um expressivo aumento nas vendas. Encontrei algumas pessoas de lá e perguntei quais foram os principais motivos de as vendas terem aumentado. As respostas dispersas iam de "aumento no investimento" até "combinação de canais de mídia", passando pelo "aumento expressivo em digital" e "nova liderança", ou seja, ninguém de verdade soube explicar o que realmente fez a diferença nas vendas daquele ano; nem mesmo um possível impacto dos esforços da concorrência ou a situação do mercado foram levados em consideração.

Acontece que, daqui para a frente, não dá mais para ser assim. O tempo do "spray and pray", onde marqueteiros gastam espalhando as mensagens e depois rezam pela conversão, sem controle das causas e efeitos, já passou. Foi fazendo assim que o CMO do marketing corporativo do banco que contei a história anteriormente foi demitido.

O Marketing Elevado à IA

Para mim e para você, a demissão acima é um caso exemplar, pois mostra que existem muitas oportunidades para fazer um marketing melhor com IA. Não só em bancos, mas em empresas de todos os tamanhos e setores. Várias empresas deram seus primeiros passos, algumas precisam crescer e outras precisam escalar e multiplicar.

Em todas as entrevistas que fiz e histórias que pesquisei, uma coisa ficou clara: não há receita de bolo pronta para copiar e colar. O que existem são alguns **pilares** no uso de computação e estatística que, em conjunto com uma série de **capacidades das pessoas** e **organizações nas empresas**, nos dão belos casos de sucesso que vou apresentar mais à frente.

O marketing elevado à IA compreende duas frentes que se encontram na busca pela melhor experiência. De um lado, para que consumidores sejam tratados de forma relevante; de outro, para que os profissionais de marketing possam ser mais eficientes e consigam escalar o seu trabalho por meio de:

> **Personalização:** a individualização das interações, mensagens e serviços, pessoa a pessoa, de acordo com seu comportamento, usando modelos preditivos e algoritmos. Tudo isso possibilita que esses algoritmos participem de interações customizadas, com a mensagem certa na hora certa, aumentando engajamento, chances de compra, recompra, uso, fidelização e satisfação. Com o desenvolvimento da computação e da IA,

isso pode ser feito em diversos canais, do e-mail até a TV, passando pelos aplicativos, áudios, jornais e rádio etc. Neste livro apresentarei histórias simples e sofisticadas.

Para reforçar o conceito, vejamos o exemplo de uma experiência ruim: comprei uma sandália na internet e dois dias depois recebi um e-mail promocional com outras sandálias (também masculinas). Estava achando ótima a experiência até clicar no e-mail e descobrir que nenhuma daquelas sandálias tinha modelo disponível no meu número. Essa personalização só serviu para criar uma experiência frustrante do lado do consumidor e ainda ajudou a derrubar o índice de conversão do site – prejudicando o profissional de marketing, pois contabilizou novas visitas que não se tornaram compras.

Uma personalização bem-feita poderia, por exemplo, entender a correlação de diversos atributos, como cidade, idade, cor e até navegação, para prever uma propensão à compra de uma sandália feminina para minha esposa e só depois enviar uma mensagem com o conteúdo personalizado com o que é relevante para mim e que também colabora mais para o negócio. Ou, se fosse uma nova sandália para mim (cross sell), que fossem oferecidas opções com a numeração do meu pé.

Valorização do marketing: criar, monitorar, analisar, aprender e escalar sem sofrimento, vendendo mais e mais. Essas são, com certeza, as palavras que mais aparecem nos sonhos dos profissionais de marketing. A infinidade de pontos de contatos com os consumidores, de ferramentas e de novos concorrentes aparecendo todos os dias faz com que todos os marqueteiros necessitem de dados e que estes sejam bem trabalhados para se obter o melhor retorno sobre seus investimentos em martech – termo utilizado para definir o conjunto de ferramentas de tecnologia para marketing e negócios.

O exemplo da sandália explica bem essa diferença, isso porque, graças a alguns telefonemas para amigos, consegui descobrir o que acontece na empresa de sandálias (e que é muito parecido em diversas empresas):

▶ O time de CRM que detém os cadastros de compras do e-commerce contratou uma ferramenta que dispara e-mails automaticamente dois dias depois de toda compra, com sugestões de acordo com o tipo de produto comprado. Do total de e-mails enviados, alguns converteram em vendas. Ao dividir a receita das vendas pelo total gasto com o envio dos e-mails, descobriu-se que essa ação vale muito a pena, pois o ROI (retorno sobre o investimento, das iniciais em inglês) é alto, ou seja, gera mais receita do que despesa. Comparada a outras iniciativas, como investimento em banners ou nas redes sociais, o e-mail é o campeão do ROI.

▶ Muitos consumidores, porém, assim como eu, ficaram frustrados porque a experiência foi decepcionante. Confesso que, antes da compra, quando naveguei no site, vi sandálias mais bonitas, mas comprei a azul – que eu nem gostava muito –, porque era a única do meu tamanho e a minha sandália tinha soltado a tira, ou seja, tinha uma certa urgência. Quando recebi o e-mail da sandália preta (minha favorita), fiquei feliz e pensei: "Será que agora tem do meu tamanho?!" Não tinha.

▶ Enquanto o time de CRM comemora o ROI do e-mail de marketing, o time do e-commerce amarga uma piora nas métricas de conversão. Isso porque mais pessoas entram no site (via e-mail), mas vão embora sem comprar nada (não encontraram seu número).

▶ A falta da visão única do cliente e da orquestração das diferentes iniciativas que tocam o consumidor criam uma visão míope de ROI e atrapalham a melhor experiência do consumidor, que poderia gastar mais com a empresa ao longo do tempo.

UMA NOVA FORMA DE FAZER NEGÓCIOS **17**

▶ Nessa história, como sabemos, o consumidor amargou uma experiência ruim que, ao longo de várias experiências ruins e não personalizadas, vão diminuindo sua relação com a marca até que outra empresa faz o trabalho "óbvio" de enviar a mensagem certa, na hora certa, com o contexto correto – e consegue atrair esse consumidor.

▶ Você já deve estar adivinhando o próximo passo do caso da sandália: a minha internet ficou cheia de banners da mesma sandália que eu já comprei, e em todos os sites onde navego. Uma espiral de experiências negativas está se formando para o consumidor, enquanto o time de marketing e os fornecedores das ferramentas de banners e de e-mail marketing comemoram seu ROI.

▶ Para terminar, a situação da sandália ficou ainda pior quando eu me lembrei de que não me cadastrei para receber promoções ou notícias. Essa minha permissão, assim como o direito da empresa de trabalhar meus dados, hoje é regida por leis. O marqueteiro que não souber usar dados e, ao mesmo tempo, respeitar a privacidade das pessoas, ficará fora do mercado.

Assim como na história do varejista na Black Friday, a empresa de sandálias seguiu o manual do marketing/CRM/E-commerce/Vendas como sempre foram feitas e saiu colocando dinheiro em diferentes iniciativas ao mesmo tempo, sempre partindo da premissa de impactar muitas pessoas (nesse caso, envio de e-mails e exposição de banners) com alguma desculpa (recuso-me a chamar essas sandálias nos banners e e-mails de "personalização"), torcendo pela conversão de alguns. Esse é um pensamento "de fora para dentro", pois começa pelas iniciativas, canais e ferramentas e não pelas pessoas, seus desejos e propensões calculados usando IA.

Não importa o quanto você pense que seu consumidor está no centro se você se comunica com ele como essas empresas fizeram. Essa forma comum de interagir, onde o consumidor não está no centro, mas sim os departamentos, os produtos em suas unidades de negócio e suas métricas individuais de retorno, está com os dias contatos.

Bem-vindo (a)!

Com a bagagem deste livro, você será capaz de avaliar quando um fornecedor, consultor, agência ou departamento lhe apresentar propostas e ideias de projetos com IA, bem como entender os impactos quando um concorrente divulgar uma nova iniciativa de IA, tendo uma melhor ideia se isso te colocará em vantagem ou desvantagem estratégica. Melhor ainda, poderá desenvolver ou mudar radicalmente suas iniciativas com IA.

Caberá a você e à sua empresa testar coisas novas até encontrar a sua fórmula de sucesso. Vou sugerir que você comece pelo lugar que te parece mais fácil, parecido com algo que já tem hoje. Vá construindo, adicionando as novas capacidades e explorando novas ideias, e com o tempo você verá que os resultados daquele CMO da nossa primeira história também acontecerão com você.

Você vai terminar este livro com uma **nova caixa de ferramentas**, abarrotada de conhecimentos para revolucionar seu negócio, seu marketing e suas vendas com inteligência artificial. Garanto que sua vida será outra depois dessa leitura e espero um dia ver seus concorrentes olhando para o seu trabalho e falando que era óbvio, enquanto você está quilômetros à frente.

Por fim, se você está curioso para saber quem é o CMO e em qual banco ele trabalha, pode desistir. Aprendi ao longo das entrevistas e por trabalhar muito com IA que, diferentemente do mundo da comunicação e da propaganda, os aprendizados, modelos preditivos e estratégias são conquistas tão importantes para as empresas que devem ser tratadas como segredo industrial. Por isso decidi abrir todas as entrevistas garantindo a confidencialidade. Isso me ajudou a ouvir as melhores histórias com todos os detalhes de que precisamos para aprender e praticar, sem influência de ego ou autorização parcial. Em alguns casos vou citar nomes de empresas e profissionais que se sentiram à vontade ou se mostraram muito felizes quando comentei sobre a importância de suas histórias para o nosso aprendizado.

O máximo que posso contar sobre aquele CMO é que, nesse período de um ano entre começar as entrevistas e terminar de escrever o livro, ele está sendo cotado para ser o novo CEO do banco. Os motivos vão além de ter revolucionado o marketing. Passam pela coragem de testar coisas novas, por ter usado IA até na escolha dos profissionais da sua equipe e na retenção de talentos, além de ter extrapolado a fronteira do marketing trabalhando em conjunto com as áreas de produtos, vendas, RH e operações.

TESTE!
O quanto elevado à IA é seu marketing?
(1- fazemos pouco até 4- fazemos muito)

1( ) 2( ) 3( ) 4( ) Sempre procuramos falar com os consumidores de forma individual
1( ) 2( ) 3( ) 4( ) Antecipamo-nos às necessidades dos consumidores
1( ) 2( ) 3( ) 4( ) Temos a mesma visão única do consumidor em todos os departamentos
1( ) 2( ) 3( ) 4( ) Fazemos otimizações de investimentos usando estatística
1( ) 2( ) 3( ) 4( ) Times são multidisciplinares e têm autonomia para iniciativas próprias

Agora é só somar e marcar sua posição na régua (entre 0 e 20)

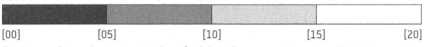

[00]   [05]   [10]   [15]   [20]
O teste completo pode ser encontrado no final deste livro ou no site www.marketing-ia.com

CAPÍTULO 2:

Os impactos da IA nos negócios e os desafios do Marketing

Das previsões das consultorias até o fosso entre marcas e consumidores

"*O software está engolindo o mundo*"
Marc Andreessen – 2011 – Cofundador do Netscape e investidor no Twitter e Slack

"*O software engoliu o mundo e agora a Inteligência Artificial está engolindo o software*"
Dr. Martijn Van Attekum – 2019 PhD Universidade de Cologne, com Tarry Singh, colunista da Forbes e CEO da Neuroscience Research AI

PASSADOS QUASE 10 ANOS DO HISTÓRICO ARTIGO DE MARC ANDREESSEN NO *Wall Street Journal*, no qual dizia que o **software estava engolindo o mundo**, os números provam que ele tinha razão: até 2020, a Amazon aumentou seu tamanho em 10 vezes (de 30 para quase 300 bilhões de dólares em receita), a venda de iPhone multiplicou 8 vezes (de 16 para mais de 130 milhões de dólares), o Facebook saltou de 500 milhões para mais de 1 bilhão e meio de usuários e o Spotify, que na época tinha 500 mil usuários, já passa dos 130 milhões (260 vezes mais). Em 2010, a Netflix era 10% do que é em 2020 — ainda enviava DVDs para a casa de mais da metade dos seus assinantes[1].

O serviço de computação em nuvem da Amazon, chamado de Amazon Web Services, lançado em 2006, cresceu tanto que chegou ao primeiro trimestre de 2020 faturando 10 bilhões de dólares, ultrapassando a Oracle, empresa fundada há mais de 30 anos e especialista em gestão de banco de dados. O maior concorrente da AWS, o Azure, da Microsoft, depois de mais que dobrar a cada ano, chegou a 2019 com receitas de 38 bilhões de dólares, representando 30% da receita total da companhia e com crescimento de 21%. É espantoso que um produto tão recente seja quase tão grande quanto todas as mais de 1 bilhão de licenças de Windows e Office do planeta somadas.

Seguindo outra previsão de Marc, a de que **toda empresa se tornaria uma empresa de software**, o consumo e a produção exponencial de dados não pararam e aqueles que souberam usar os dados a seu favor cresceram. Dos que não souberam, muitos quebraram. A Uber, por exemplo, foi lançada em 2010 e desde então não faltam exemplos de "a Uber da comida", "a Uber do médico", dentre tantos outros.

Foi assim que chegamos ao provavelmente mais popular e compartilhado post no LinkedIn que diz que a "Uber é a maior companhia de táxi do planeta sem possuir veículos, assim como o Airbnb é o maior provedor de acomodação do mundo sem ter qualquer propriedade" etc. São empresas de software que engoliram o mundo.

---

1 https://docs.google.com/spreadsheets/d/1w7zbKAnkKPBl7HaM1EljQbvMsAKImTm3NxnZXMA-y2M/edit#gid=0

OS IMPACTOS DA IA NOS NEGÓCIOS E OS DESAFIOS DO MARKETING

Marc Andreessen estava certo. Foi assim que as **empresas que abraçaram o software em 2011 se tornaram líderes de mercado** em seus segmentos — além de se tornarem as maiores empresas do mundo. Nessa última década, a inteligência artificial também cresceu de forma impressionante. Apesar de a IA existir há mais de 40 anos, foram nos anos recentes que ela tomou conta dos noticiários de negócios por sua adoção e impressionante coleção de histórias de sucesso.

Conhecer os motivos que nos trouxeram até aqui vai te ajudar muito a construir em cima disso. Vai ser muito mais importante do que as aulas de semiótica ou história da propaganda que ainda são ministradas em universidades por aí. Acredite.

Os quatro motivos para você agradecer que está vivendo na melhor era, no melhor lugar e trabalhando com o melhor tema do mundo, na crista da onda, são:

1. **O poder computacional.** Em 1965, Gordon Moore previu que o poder de processamento dos computadores dobraria a cada 18 meses, o que ficou conhecido como lei de Moore. Desde então, a tecnologia não nos decepcionou e seguiu esse caminho exponencial. Quando parecia que estávamos próximos do limite desse crescimento, deparávamos com a revolução da computação quântica. Hoje, em disputa entre Google e IBM para saber quem é o "pai" da quântica, os computadores quânticos demonstram em laboratório um poder 100 mil vezes maior do que um computador convencional.

Poder não é só capacidade física do processador de um computador que cresceu exponencialmente. Graças à criatividade humana, foi criada uma forma inteligente de distribuir as tarefas que um computador faria entre diferentes computadores, cada um fazendo uma parte de uma mesma tarefa. Isso se chama HDFS (Hadoop Distributed File System), um sistema de distribuição para processar grandes volumes de dados. O melhor é que a distribuição pode acontecer em centenas de computadores de baixa performance, ou seja, muito mais barato[1].

Esses computadores conversam na "nuvem", ou seja, estão conectados via internet, mesmo que em lugares fisicamente separados. Essa melhora de capacidade e de processamento ano após ano colaborou para que pudéssemos continuamente **fazer mais com menos**.

Isso não é jargão, é uma verdade e fruto da capacidade humana de criar uma nova forma de conectar as máquinas. Eu me lembro de que, em 2005, quando montava um e-commerce para compra de filmes pela internet para uma TV por assinatura, o preço de um hosting (hospedagem na internet) custava aproximadamente 150 mil reais por mês. Passados mais de 15 anos, mesmo considerando um aumento dos dados e até mesmo a inflação, o custo atual é muito menor do que o custo daquela época. Isso é mais com menos.

Em 2016, a Deloitte lançou um estudo chamado de Big Shift, no qual citava as quatro grandes forças da transformação digital. São elas:

Computadores: o custo (em dólares) por 1 milhão de transistores caiu de 222 dólares em 1992 para menos de 0,03 centavos em 2015. A lógica segue para:

Armazenamento: o custo por gigabyte caiu de 569 dólares para menos de 0,02 centavos;

Banda larga: custo por 1,000 Mbps caiu de 1.197 dólares para menos de 11 dólares;

Usuários de internet: esse indicador tinha saído de praticamente zero em 1992 e atingiu 72% dos lares americanos em 2015. Atualizando esse dado para os números de 2019, até mesmo no Brasil a penetração de internet já ultrapassava 80% população, somando 166 milhões de pessoas[2].

2. **A abundância de dados.** Os indicadores de penetração de internet via computadores, tablets ou smartphones, que já eram explosivos, agora se unem aos dados de dispositivos móveis como relógios, além da conexão entre totens, caixas eletrônicos, máquinas de pagamento e todas as infinitas telas das nossas vidas, dos elevadores até nossos carros. É por isso que, segundo estudo atribuído à IBM em 2018, **90% de todos os dados criados na história**

---

2   https://economia.estadao.com.br/noticias/geral,ibge-35-7-dos-brasileiros-vive-sem-esgoto-mas-79-9-da-populacao-ja-tem-acesso-a-internet,70003077941 e https://www2.deloitte.com/content/dam/insights/us/articles/3407_2016-Shift-Index/DUP_2016-Shift-Index.pdf

OS IMPACTOS DA IA NOS NEGÓCIOS E OS DESAFIOS DO MARKETING

do planeta foram gerados nos dois anos anteriores. O futuro deve ser ainda mais abundante quando se considera que **um carro autônomo produz em 30 minutos o equivalente ao que uma pessoa produz durante 1 ano** lendo seus e-mails, mandando suas fotos nos aplicativos de mensagens e postando nas redes sociais[3].

Um aspecto importante que une os itens 1 e 2 é a capacidade de se trabalhar tanto os **dados estruturados** como os **não estruturados**. Estruturados são tabelas de bases de dados, onde a informação é organizada em colunas, cada uma com valores específicos de informação, sejam eles números ou apenas anotações de "sim" e "não", porém é na infinidade de dados não estruturados, como imagens, vídeos e áudios, que vive uma onda que até parece ficção científica.

3. Ter dados abundantes e poder computacional de sobra não serviriam de nada em IA se não fosse o **acesso a dados para treinamento de algoritmos** baseado, por exemplo, no crescimento explosivo dos Data Lakes (repositórios centrais de dados) e no mundo totalmente conectado. Treinar algoritmos tem um custo e este cai quanto mais abundantes e disponíveis estão os dados.

4. A **colaboração entre pessoas** do mundo todo, de forma **distribuída** e **gratuita**, nunca foi tão grande. Em comunidades como GitHub, pessoas compartilham códigos, algoritmos e em programas como R (https://www.r-project.org/) fazem trilhões de cálculos sem pagar nada, apenas pela alegria em colaborar e desenvolver IA. Sem contar as inúmeras Wikis (enciclopédias colaborativas), verdadeiras enciclopédias dentro das empresas, onde o conhecimento é amplamente distribuído. O conhecimento nunca foi tão acessível e a colaboração entre as pessoas, brilhante.

A união dos fatores acima criou milhões de possibilidades para usar dados (chamados de big data) em diversas áreas de conhecimento. Do diagnóstico de doenças até marketing, produtos e negócios. Hoje, esse tipo de aplicação está

---

3 Calculado a partir do artigo de Adam Schlosser publicado pelo Forum Economico Mundia - Janeiro de 2018

deixando no passado o "marketing digital", criando uma revolução elevada à inteligência artificial.

Muito do que se faz ainda hoje, principalmente em marketing digital, se baseia na replicação do marketing tradicional (mensagens em meios/canais) em formatos digitais, como vídeos, mídias sociais, sites e aplicativos. A fragmentação das interações do consumidor com as marcas, que antes se restringia a poucos canais (TV, rádio, jornal), agora está em infinitas telas e dispositivos, fazendo com que profissionais de marketing e suas agências de propaganda se esforcem, produzindo mais interações em canais mais interativos. O problema é que, como vimos no Capítulo 1, fazer sempre mais com a mesma caixa de ferramentas não é o suficiente.

Métricas como alcance e frequência, comuns no marketing tradicional, ficam ultrapassadas no marketing com IA, porque elas eram baseadas no desconhecimento das pessoas, gerando enorme desperdício. Isso, além de serem construídas a partir do princípio do funil de conversão, onde os investimentos são feitos na boca (awareness/conhecimento), gerando uma expectativa de conversão. Há uma distância enorme entre o movimento "empurrado" do topo do funil e o que ele efetivamente causa — e em quais pessoas — na parte baixa do funil. Para exemplificar, pense naquele cliente que entrou na concessionária de carros para comprar um modelo novo do veículo que já possuía ou da pessoa que comprou o carro de um amigo que ele gostava tanto de andar. Se esses eventos acontecerem durante uma campanha de mídia de massa (TV, por exemplo), quem ganha o crédito por essa venda? Infelizmente, na maioria dos casos, essa venda é atribuída ao esforço de massa e seu consequente impacto no funil, ou, como vimos no exemplo do varejista do Capítulo 1, ninguém de verdade sabe a quem atribuir as vendas (ou a falta delas).

Esse é um dos motivos pelos quais a IA está revolucionando os negócios. Com tantos pontos de contato com o consumidor (mídias, lojas, apps, IoT, sites), com tanta capacidade computacional para trabalhar dados e inteligência para predição, algoritmos e personalização, **é impossível fazer o marketing como sempre foi feito**.

Essa é, para mim, a segunda revolução do software: a da inteligência artificial na revolução da forma como fazemos **negócios**: como atraímos, convertemos, engajamos e mantemos consumidores. Essa mudança no ferramental dos executivos das empresas criará interações infinitas vezes melhores com seus consumidores.

TESTE!
O quanto elevado à IA é seu marketing?

(1- fazemos pouco até 4- fazemos muito)

1( ) 2( ) 3( ) 4( ) Utilizamos de poder computacional para processar trilhões de dados
1( ) 2( ) 3( ) 4( ) Capturamos dados e interagimos em sites, celulares, lojas, IoT e apps
1( ) 2( ) 3( ) 4( ) Treinamos algoritmos com dados próprios, organizados e unificados
1( ) 2( ) 3( ) 4( ) Utilizamos modelos preditivos nas interações com consumidores
1( ) 2( ) 3( ) 4( ) Times colaboram com frequência e possuem objetivos compartilhados

Agora é só somar e marcar sua posição na régua (entre 0 e 20)

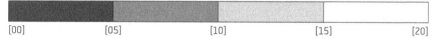

[00]   [05]   [10]   [15]   [20]

O teste completo pode ser encontrado no final deste livro ou no site www.marketing-ia.com

A segunda revolução do software: na nuvem e nos negócios

Motivadas por um aumento impressionante na eficiência, empresas estão usando IA para **automatizar e otimizar processos e interações**. A computação em nuvem aumentou a acessibilidade, diminuiu o custo e democratizou o uso da tecnologia. As próximas ondas — da computação quântica até a computação no limite (IoT – Internet das Coisas) — prometem elevar essa régua ainda mais. Assim, a distância entre as empresas que sabem e as que não sabem usar dados será mais impactante do que nunca.

Segundo relatório do Internet Data Center (IDC) de 2020, "Previsões Mundiais de IA", o mercado de infraestrutura de IA deve saltar dos 9,9 bilhões de dólares em 2019 para mais de 23,9 bilhões de dólares em 2024, com crescimento anual de quase 20%. Isso incluindo o impacto da Covid-19. Segundo eles, o maior crescimento deverá vir da computação no limite, onde está a Internet das Coisas, e também do modelo em nuvem. Esse impacto na infraestrutura é motivado pelo crescimento em "plataformas e softwares de IA", cujo mercado deve atingir 11,8 bilhões de dólares em 2023, um **crescimento de 35,2% ao ano**. É aqui que está o marketing elevado à IA[4].

Em outro estudo, o IDC cita que o maior crescimento em **receita** com inteligência artificial será mais uma vez em software, atingindo 34,2 bilhões de dólares em 2023, com avanço de 36,1% ao ano CAGR[5].

Em seu estudo sobre "A nova fronteira de IA" de 2018, a McKinsey[6] apresenta seu cálculo de "desbloqueio de valor" e coloca à frente a categoria de "marketing e vendas", responsável por até 2,6 trilhões de dólares incrementais, à frente de Supply Chain, gestão, fabricação, risco, operações, finanças, tecnologia e recursos humanos.

No relatório, a McKinsey dá destaque para varejo e tecnologia como as áreas mais impactadas pelas tecnologias com IA devido às frequentes interações entre negócios e consumidores. E-commerce mais ainda, pois coletam informações valiosas como tempo, clique e páginas, **customizando promoções, preços e produtos para cada consumidor em tempo real**. Um exemplo citado na pesquisa é o da "criação de ofertas individuais que podem **aumentar entre 1% e 2% as vendas incrementais** nas lojas físicas".

---

4   https://www.idc.com/getdoc.jsp?containerId=US46212820&pageType=PRINTFRIENDLY

5   https://www.idc.com/getdoc.jsp?containerId=US45332319

6   https://www.mckinsey.com/featured-insights/artificial-intelligence/
    notes-from-the-ai-frontier-applications-and-value-of-deep-learning

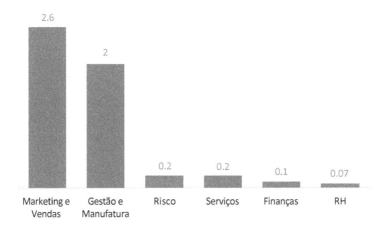

Figura 3: "A nova fronteira de IA", McKinsey, 2018

No estudo "O futuro da personalização" de 2019, a McKinsey assinala que apenas 15% dos CMOs acreditam que fazem um bom trabalho de personalização e customização. Mas há um grande incentivo: os líderes nesse quesito conseguiram aumentar receitas entre 5 e 15%, além de melhorar a eficiência de marketing entre 10 e 30%. Entre as táticas mais citadas, recomendações de produtos e "comunicações em canais específicos a partir de **gatilhos**".

Gatilho, um termo muito usado em tecnologia, prevê uma comunicação imediata a partir de um determinado evento. Por exemplo: vamos supor que das diversas interações com uma marca (loja, site, gerente etc.), um cálculo de propensão vai sendo formado e, até aí, você não recebe nenhuma propaganda. De repente, você navegou em uma determinada página e isso fez você atingir a marca de "90% de chances" de uma determinada compra. Nesse momento (gatilho), um e-mail é disparado com a oferta ou o gerente do banco te liga etc., ou seja, são interações que nasceram de um comportamento quase imediato do consumidor. Estudo do The Relancy Group de 2019, feito com diversos varejistas americanos, mostra que **para cada 1 dólar investido havia um retorno de 20 dólares ao utilizar personalização baseada em gatilhos com regras e em tempo real**.

Ainda sobre ROI, estudo da **Adobe & Forrester** "Impacto Econômico da Nuvem de Experiências", de 2018, aponta que o valor pago pela implementação de tecnologia (incluindo software, pessoas e treinamentos) é recuperado com a receita adicional gerada nos 7 meses após o lançamento do produto/site/projeto; enquanto o **ROI (retorno sobre o investimento) médio é de 242%**. Nas empresas pesquisadas a soma foi de 24,8 milhões de dólares de retorno sobre 10,3 milhões de dólares de investimento. Outros pontos relevantes do estudo:

▶ 25% de aumento nas conversões (site e mobile) quando as mensagens são otimizadas para audiências. Audiências são agrupamentos de pessoas com traços semelhantes, por exemplo, mesmas páginas visitadas no site, cliques, tempo, cadastro etc.;

▶ 20% de aumento na captura de leads (pessoas interessadas) com o mesmo investimento de marketing;

▶ O aumento no número de visitantes recorrentes ao site pode ultrapassar 50%;

▶ A melhora do retorno sobre o investimento em propaganda (em inglês ROAS – Return on Advertising Spending) pode chegar até a 90%;

▶ 70% de aumento no número de consumidores que são defensores da marca;

▶ 10% de aumento no valor médio dos pedidos, ou seja, no ticket médio, por meio da personalização em segmentos de alto valor, combinado com testes A/B e entrega de conteúdo em todos os canais de forma coordenada, Omnichannel.

À primeira vista, os 10% acima podem até parecer um número normal, mas imagine que esse é o valor médio da compra — aquele total do carrinho de compras — de toda a empresa, apenas por conseguir agrupar os consumidores, definir uma mensagem pertinente ao grupo e então entregar essa mesma mensagem em todos os canais (site, e-mail, app, loja), também chamados Omnichannel (em português seria "omnicanalidade"). Dessa forma, o consumidor não mais recebe um e-mail falando uma coisa e um banner falando outra enquanto o site apresenta outra mensagem.

Seguindo essa linha, uma enorme área de oportunidade, segundo o estudo anterior da McKinsey, está nas **interações que incluem e vão além dos canais digitais**. Segundo a pesquisa, **apenas** 10% das empresas fazem personalização sistemática dessa forma. Exemplos promissores vão desde visitas às lojas combinadas com envio de ofertas para usuários do app quando passam em frente a essas lojas. Essa também é uma forma de ajudar no trabalho dos funcionários da linha de frente, como os vendedores que lidam com os clientes no dia a dia. Um dos varejistas do estudo relatou **aumento de 10% nas vendas incrementais e até 5% no valor médio das compras**. A McKinsey ainda cita outro estudo, onde essa personalização alinhada em todos os canais (Omnichannel) **aumentou em 15% a receita total** da empresa.

Fazer com que as experiências dos consumidores sejam cada vez mais personalizadas é também chamado de "hiperpersonalização". Em seu estudo "Predições de IA para 2020", o **IDC** prevê que até 2021 um total de **15% das experiências dos consumidores serão baseadas em dados e algoritmos de propensão**.
O estudo cita que, durante a fase de produção em massa, a personalização praticamente desapareceu. Hoje, porém, com o advento da disponibilidade de dados e algoritmos, empresas estão voltando a personalizar recomendações, conteúdos, experiências, ofertas e até produtos para necessidades individuais.

Outro termo muito utilizado é o da personalização em escala. Segundo a McKinsey, em estudo de 2019, há um potencial entre 1,7 e 3 trilhões de dólares em 2020. O benefício seria distribuído por segmento da seguinte forma:

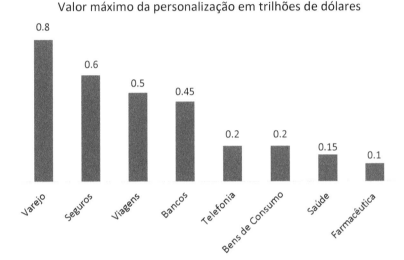

Figura 4: o valor da personalização em trilhões de dólares – Fonte McKinsey Global Institute, abril de 2018.

Na pesquisa "The Age of Personalization 2018", apresentada pela *Harvard Business Review*, o uso de dados para **personalização máxima** foi responsável por **reduzir o custo de aquisição em até 50%**, aumentar receitas em 15% e melhorar a eficiência no gasto de marketing em até 30%.

Mais recentemente, estudo do Gartner prevê **aumento de 15% no lucro das empresas por meio da personalização usando inteligência artificial** com foco em propensão. Ele também prevê uma melhoria de 20% no NPS das empresas (Net Promoter Score — satisfação dos consumidores).

O próprio Gartner aponta uma enorme oportunidade. Segundo estudo de 2019, **apenas 5% das empresas possuem uma estratégia de personalização que elas mesmas acreditam ser boa**, ou seja, essa é uma ótima hora para trabalhar em marketing.

OS IMPACTOS DA IA NOS NEGÓCIOS E OS DESAFIOS DO MARKETING

Resumo dos termos de marketing utilizando IA

As diversas táticas de marketing usando dados, estatística e IA, segundo as grandes consultorias e institutos de pesquisa citados neste capítulo, podem ser chamadas de:	
▶ Personalização em escala ▶ Comunicação baseada em gatilhos ▶ Segmentação e audiências ▶ Hiperpersonalização ▶ Comunicação preditiva ▶ Maximização da experiência ▶ Análise preditiva	▶ Mensagem Otimizada ▶ Personalização Máxima ▶ Recomendação de produtos ▶ Experiência de Valor ▶ Marketing preditivo ▶ Próxima melhor oferta/ação ▶ Personalização algorítmica

Em comum, as definições acima e as explicações por trás dos estudos das consultorias possuem sempre o ideal de entregar a melhor mensagem, na hora certa, para a pessoa correta, antecipando suas necessidades e oferecendo uma experiência superior. Sempre.

No final, todos ganham: tanto o consumidor (seja ele pessoa física, jurídica ou funcionário) como a empresa, estendendo até os funcionários que trabalham no marketing e em vendas, que passam a entregar mais com menos. Todos tendem a viver experiências melhores. Esse é o verdadeiro ideal **de consumidor no centro**.

Mas será que os consumidores percebem melhora no trabalho das empresas nessa direção?

O vale da experiência entre consumidores e marcas

Diversos estudos comparam a diferença de percepção entre o que os marqueteiros acham que estão disponibilizando para os consumidores versus a percepção que estes têm das empresas. Os resultados apontam para uma necessidade de mudança nas empresas:

No estudo da Pega.com de 2017:

- ▶ 66% das empresas acreditam ter profundo conhecimento dos seus consumidores, enquanto do lado dos consumidores a percepção é, em média, de 32%. Metade!
- ▶ Enquanto 60% das empresas acreditam que respondem rapidamente a seus consumidores, apenas 27% dos consumidores concordam.

Em 2017, a Capgemini[7], lançou uma pesquisa chamada "Consumidor desconectado", onde chama a atenção para:

- ▶ Enquanto 75% das empresas acreditam que são centradas no consumidor, apenas 30% dos consumidores concordam;
- ▶ 81% dos consumidores estão dispostos a gastar mais em troca de melhores experiências com as marcas;
- ▶ 31% das empresas acham desafiador seguir evoluindo rapidamente enquanto o cenário de tecnologia muda a expectativa dos consumidores.

No estudo "Adobe Digital Insights"[8] de 2017:

- ▶ 58% dos anunciantes acreditam que sua capacidade de entregar melhores experiências está melhorando, porém apenas 38% dos consumidores acreditam que as marcas estão melhorando a relação com eles.

---

7   https://www.capgemini.com/news/8-in-10-consumers-willing-to-pay-more-for-a-better-customer-experience-as-big-business-falls/

8   https://Blogs.adobe.com/Digitaleurope/Customer-Experience/Solving-The-Personalisation-Gap-With-Automation/ And https://Theblog.adobe.com/Closing-The-Gaps-In-Customer-Experience-Every-Detail-Counts/ https://Www.martechadvisor.com/Articles/Crm/Mind-The-Customer-Experience-Gap-Brand-Perception-Versus-Customer-Reality/ https://Www.salesforce.com/Blog/2017/09/Keys-To-Closing-Customer-Experience-Gap-Hbr-Study.html https://Econsultancy.com/Reports/Bridging-The-Customer-Experience-Gap/

Os consumidores estão cada vez mais exigentes

É claro que não é fácil resolver esse hiato. Isso porque os consumidores estão cada dia mais exigentes, possuem mais escolhas, mais acesso à informação, menor incentivo à lealdade e maior controle do seu relacionamento com as empresas. A consultoria Accenture usa o termo "Liquid Expectations"[9] ("experiências líquidas", em tradução livre) para chamar a atenção para o **aumento do nível mínimo de exigência dos consumidores**. Acostumados com a facilidade de pedir carros na Uber e comida no iFood (o software engoliu o mundo, lembra-se?), eles não aceitam nada menos "líquido", funcional e sem atrito em outros setores da sua vida, como em uma simples visita ao médico, assistindo a uma propaganda, visitando uma agência bancária ou vendo um banner no site de notícias. A barra da expectativa está mais alta.

Já do lado das empresas também não tem sido fácil. O aumento de opções e de concorrentes, o empoderamento do consumidor com informações e voz ativa, tudo isso força as empresas a investirem em novas capacidades para extrair o máximo de valor da sua relação com os consumidores. Estes querem experiências relevantes e **diretores de marketing querem melhorar sua capacidade de investir, medir e de interagir com os consumidores, automatizando processos (que a cada dia parecem mais complexos) e tomando decisões cada vez mais rápidas e baseadas em dados.**

---

9   https://www.accenture.com/t20160719t031357__w__/fi-en/_acnmedia/pdf-26/accenture-the-era-of-living-services.pdf

Nunca tantos diretores de marketing foram demitidos e contratados

"O executivo-chefe de marketing (CMO) é uma espécie em extinção", disse o Vice-presidente e analista da Forrester Research, Dipanjan Chatterjee, em um evento em 2019. Ele fazia referência ao volume de dados disponíveis para serem analisados como o grande acontecimento da história do marketing e principal agente dessa demanda por um novo perfil de gestor de marcas. Dipanjan comentou casos de substituição de pessoas que não tinham o novo perfil, mas também de empresas que decidiram não ter mais um CMO, como Coca-Cola, Lyft, Johnson & Johnson, Hyatt e até o reformulado Walmart.

Outro caso é de 2018, quando a EasyJet substituiu seu CMO pelo cargo de Chief Data Officer, que engoliu o marketing. Essas foram as palavras do CEO, Johan Lundgren, em entrevista[10] ao *Financial Times*, à época: "Estou mudando a estrutura e criando uma nova posição, a de Chief Data Officer, que reportará diretamente para mim e atuará em cima do trabalho de ciência de dados para explorar as oportunidades existentes nos bilhões de dados que possuímos dentro da nossa organização". O comentário até lembra a história do matemático que virou CMO, que contei no Capítulo 1.

Em artigo publicado na *Harvard Business Review* de 25 fevereiro de 2020, intitulado "Está o Marketing se subordinando à Tecnologia?", os autores citam estudo que comparou o salário dos cinco mais importantes executivos C-Level das 1.500 maiores empresas na S&P, de 1999 até 2017, e encontram um **declínio de 35% na remuneração média do CMO**, enquanto há um aumento de 125% no salário dos CTOs (Chief Technology Officers). No mesmo estudo, o gasto em publicidade reduziu de 1% em 1975 para 0,8% em 2017. No mesmo período, o gasto em Pesquisa & Desenvolvimento (R&D) cresceu de 1% para 8%.

---

10 https://www.skyword.com/contentstandard/2020-marketing-trends-call-for-science-minded-cmos-but-dont-discount-creatives/

OS IMPACTOS DA IA NOS NEGÓCIOS E OS DESAFIOS DO MARKETING

Em 2017, a consultoria de recursos humanos Russell Reynolds divulgou pesquisa sobre o varejo americano, na qual dizia que "48% dos diretores de marketing foram substituídos nos últimos 12 meses". Alguns mudaram de empresa, outros de indústria, outros foram demitidos. Também é de 2017 o artigo na *Harvard Business Review*[11] "Qual o problema com os CMOs?", onde uma frase me chama a atenção: "Normalmente **não é dada aos CMOs a devida autoridade para fazer o que se espera deles.**" Isso é marcante em um mundo com tantas mudanças, e tão rápidas do lado do consumidor.

Outro dado do mesmo ano vem da consultoria de RH Korn Ferry[12], que aponta os **CMOs como aqueles que duram menos tempo no cargo (4,1 anos em média)** em comparação com outras posições de C-Level, como o CEO (8 anos). Isso não necessariamente é uma má notícia. De acordo com Caren Fleit, executiva da consultoria, "a função focada no consumidor que um CMO ocupa hoje é **excepcionalmente complexa** e requer um equilíbrio de ambos os lados do cérebro, esquerdo e direito, exercendo um diferenciado tipo de liderança", ou seja, tem de saber balancear o lado analítico e racional com as capacidades "soft skills", interpessoais e de liderança.

Em outras palavras, tanto CMOs como os demais profissionais do departamento de marketing cada vez mais serão híbridos, tendo que entender de dados e de comunicação ao mesmo tempo. Saber criar e dominar a arte ao mesmo tempo em que sabem medir, mudar e provar com dados. Não importa o quanto charmoso é o novo chatbot (assistente virtual) ou quão linda é a nova campanha na TV, cheia de celebridades, se o departamento de marketing não conseguir entregar mais com menos e, principalmente, explicar e demonstrar o valor tangível, com dados, das suas estratégias e impacto.

Em seu estudo "Predições de 2017", a Forrester foi além e estimou que **30% dos CEOs demitiram seus CMOs** por "não terem as habilidades combinadas

---

11   https://hbr.org/2017/07/the-trouble-with-cmos

12   https://adage.com/article/cmo-strategy/lowdown-report-cmos-half-tenure-ceos/307992

necessárias para transformar digitalmente os negócios, desenhar experiências excepcionais personalizadas e, assim, entregar o crescimento para a empresa".

O que chama mais a atenção nessa frase é que, lá em 2017, já era antigo falar apenas de "conhecimento digital", afinal de contas, o software já tinha engolido o mundo fazia alguns anos. A Forrester cita dois conceitos importantes: o digital para ferramenta para transformação dos negócios e o foco nas experiências personalizadas.

Passados quatro anos, o novo relatório "Predições de 2020" da Forrester reforça a **"habilidade de entender e antecipar as dinâmicas de mercado"**. E isso não se faz mais apenas com focus groups ou institutos de tendência, e sim usando a abundância de dados com modelos preditivos estatísticos de IA. É assim que a IA está engolindo o software e o marketing tradicional: com poderosos algoritmos, muita estatística e computação.

Algumas frases-chave do estudo de 2020 para fechar este capítulo com chave de ouro:

> "... 2020 marca o início de uma luta desesperada final pela sobrevivência (do CMO)."
>
> "Aqueles que obtiverem sucesso o farão sendo responsáveis por tudo – a marca, a comunicação, a capacitação de vendas, a experiência do consumidor e a seleção de tecnologia –, enquanto influenciam a experiência do funcionário e impulsionam a inovação e a mudança que a obsessão do cliente exige".
>
> "Os CMOs restantes devem demonstrar o valor de ainda ocupar o cargo no momento em que a necessidade da sua existência está se tornando cada vez menos óbvia."

TESTE!
O quanto elevado à IA é seu marketing?

(1- fazemos pouco até 4- fazemos muito)

1( ) 2( ) 3( ) 4( )   Enviamos mensagens utilizando gatilhos em tempo real

1( ) 2( ) 3( ) 4( )   As experiências dos clientes e dos funcionários são de igual importância

1( ) 2( ) 3( ) 4( )   Nós e nossos consumidores concordamos que nossa experiência é ótima

1( ) 2( ) 3( ) 4( )   Interações são personalizadas por audiências (grupos, segmentos)

1( ) 2( ) 3( ) 4( )   Confiamos nos dados e no processo mais do que em intuição

Agora é só somar e marcar sua posição na régua (entre 0 e 20)

[00]	[05]	[10]	[15]	[20]

O teste completo pode ser encontrado no final deste livro ou no site www.marketing-ia.com

CAPÍTULO 3:

O que é o Marketing Elevado à IA

Definição, pilares e capacidades essenciais dos novos profissionais

> *"Combinar rock com baião foi a fórmula certa pra chamar a atenção. Mas foi só o começo."*
> Raul Seixas

AGORA QUE JÁ VIMOS COMO AS CONSULTORIAS DEFINEM E DÃO DESTAQUE AO impacto do uso de IA no marketing e sua expansão nos negócios, vamos aterrissar em uma definição de marketing elevado à IA e também descrever seus princípios, recheados com as competências necessárias para que empresas e profissionais possam colocá-lo em prática.

Definição de Marketing Elevado à Inteligência Artificial

O marketing elevado à IA se baseia na busca pela melhor e mais preditiva experiência em três frentes paralelas e complementares, visando a:

▶ **Interagir com pessoas**, de forma a antecipar necessidades enquanto respeita suas preferências, falando apenas quando e onde for relevante, agindo rápido, antes que mudem de ideia ou um concorrente as surpreenda. Ser capaz de entregar a melhor mensagem coordenando canais (telefone, banner, e-mail, loja etc.) em forma de diálogo, um de cada vez, acompanhando a sua jornada;

▶ Elevar o trabalho dos **profissionais de marketing e negócios** para que possam ser mais analíticos e menos influenciados pelo senso comum. O objetivo é garantir a eles um ambiente de desenvolvimento e inovação, com autonomia, munido das melhores ferramentas e conhecimentos para predizer, medir e tomar decisões de negócio de forma rápida e escalável, acompanhando as inúmeras (e rápidas) mudanças do consumidor, dos meios de comunicação e do contexto;

▶ Expandir o uso inteligente dos dados para além do marketing em toda oportunidade de **negócio**, seja em produtos, CRM, vendas e até em RH. E, também, para **todo tipo de pessoa** – um corretor com uma lista de clientes propensos, um usuário de aplicativo de táxi a não ser enganado ou um gestor de equipe que quer reter seus talentos.

É possível ter um marketing 100% elevado à IA?

SIM, há exemplos de diversas empresas de tamanhos e segmentos diferentes que possuem um marketing totalmente elevado à IA, e algumas vamos mostrar neste livro. Entre elas está uma seguradora que reduziu pela metade o custo de venda e aumentou a satisfação em 20% e o de um varejista que viu as vendas crescerem em mais de 10%, com redução na compra de estoque de dezenas de milhões de reais. Há também casos como o de um call center que melhorou em 30% o retorno sobre o investimento; uma empresa de streaming de vídeo que otimizou o investimento em mídia ao mesmo tempo em que via suas conversões subirem sem parar; além de um aplicativo de corrida de táxis que usou a propensão para evitar fraude ou de um banco de investimentos que, usando IA, melhorou a performance de seus assessores com uma pré-qualificação de interessados.

Aliás, esse é um ponto que me deixou muito feliz ao escrever este livro (e muitas vezes decepcionado quando estudava o assunto em outros): eu consegui, entrevistando muita gente boa do mercado, encontrar histórias que você provavelmente nunca viu. Embora às vezes cite trabalhos internacionais, você não vai ver de novo aqui aquela mesmice dos livros que não têm boas histórias e ficam dando voltas nos exemplos de sempre: as sugestões de produto da Amazon, o AlphaGo do Google, a recomendação de filmes da Netflix ou o reconhecimento facial do Facebook.

Este livro conta histórias factíveis de empresas e pessoas no Brasil, com gente que fez acontecer, para você se inspirar e também fazer as suas.

Em nenhuma dessas empresas o marketing expandido e elevado à IA aconteceu milagrosamente. Todas passaram por um processo de erros e acertos, recheados de muita capacitação de equipe, mudança de hierarquia, inclusão de estatísticos e cientistas de dados, além de um enorme esforço pelo pensamento analítico e baseado em problemas de todas as pessoas.

Vou perder meu emprego se não me transformar em um marqueteiro elevado à IA?

Hoje, talvez não. Amanhã, muito provavelmente SIM. Foi por isso que o subtítulo deste livro fala do "começo do fim do marqueteiro tradicional". Em algumas indústrias o ritmo pode ser mais lento e em outras mais rápido, mas todas chegarão lá e ninguém poderá escapar. A transformação dos negócios usando IA é um imperativo.

O tempo mostrará que enquanto algumas pessoas ainda usam desculpas como a de que "na minha indústria ainda não é assim", você passará a dizer que "já conseguimos criar X segmentos de propensão e, conforme agregamos novos dados, planejamos outros Y até o final do ano" ou "incluímos cálculos preditivos em Z% das nossas decisões de negócio, desde estoque até precificação e devemos triplicar até o próximo ano". Melhor: "O resultado das nossas ações de marketing elevado à IA trouxe uma soma incremental de milhões de reais para a empresa", e assim por diante.

Os princípios do marketing elevado à IA

Por trás da definição anterior, há alguns princípios que sustentam o marketing elevado à IA. Segue uma lista dos 10 que considero principais, sendo que todos serão detalhados ao longo do livro.

1. **O foco em problemas de negócio**. Se não existe uma estratégia ou um propósito no uso de inteligência com dados, é melhor nem começar. Decisões serão tomadas para maximizar o lucro, reduzindo custos e/ou melhorando receita e margens. E, para que possam valer a pena, essas oportunidades devem nascer de problemas como, por exemplo, a rotatividade de clientes, os cancelamentos de assinaturas, o alto custo de mídia, a dispersão da equipe de vendas ou a retenção dos melhores funcionários. Não sei quem é o autor da frase "a

inteligência ama problemas", mas concordo com ela. Quanto mais desafiadores os problemas de negócio, maior a motivação para uso dos dados e de IA para resolvê-los.

Para encontrar bons desafios é crucial o conhecimento em Economia. Isso porque KPIs todo mundo sabe copiar, medir ou — o que é pior — seguir aquele que já vem na ferramenta de métricas, como o acesso, o custo do clique ou a impressão de banner. Para ir além, é importante entender mais e saber como capturar oportunidades excedentes, entender as plataformas de dois lados, saber o que é ancoragem e, principalmente, isolar a influência dos incentivos pessoais nas decisões de negócio.

2. O **exercício constante** de coletar, qualificar e utilizar dados. Nem todos os dados serão utilizados em todos os modelos, mas a capacidade de receber e testar novas fontes e dados, rodar testes e derrubar ou validar hipóteses é essencial. Às vezes um dado novo de localização ou de uma empresa parceira pode mudar a história. Um caso interessante aconteceu com uma seguradora: ao cruzar os dados com um site de compra de carros, construiu um modelo (usando dados anônimos) que correlacionava a propensão a cancelar um seguro no site A quando uma pessoa navegava nas páginas de oferta de carros no site B. Isso fez toda a diferença nas ações de prevenção ao cancelamento e até no preço das propostas de seguros.

Outra história interessante ouvi de uma diretora de marketing de vendas corporativas (B2B). Ela me explicou os complexos modelos algoritmos que ajudavam a medir a influência da participação das pessoas em eventos presenciais, colaborando para as vendas. Quando todos ficamos em casa e os eventos foram cancelados durante meses devido à Covid-19, o que parecia ser um pesadelo foi fácil de ser contornado, calibrando algoritmos com eventos ao vivo nas redes sociais.

3. O **respeito à privacidade** acima de qualquer coisa. Obedecer às leis e às vontades do consumidor é mandatório, mas não significa que nada pode ser feito. Há ações possíveis de colocar em prática com o tempo, nascendo de

uma relação anônima, passando por um clique ou um e-mail deixado para um newsletter, até que o relacionamento vai ganhando forma com um respeito mútuo entre marca e consumidor, empresas e vendedores etc. Ninguém pede os dados bancários do (a) pretendente (a) no primeiro encontro, mas no convívio isso pode acontecer com naturalidade.

4. O **aprendizado a partir das interações**, seja entre consumidor e marca, produto e pessoas, representantes e sistemas, vendedores e compradores. Para isso, dois detalhes são importantes:

   a. A capacidade tecnológica para ter agilidade e, assim, responder às interações de forma rápida e eficiente. Neste quesito, as plataformas de marketing cloud (experience cloud ou martech) são essenciais para automatizar processos, abusar dos gatilhos de comunicação e escalar, tanto nas interações transacionais (nenhum consumidor aguenta esperar mais do que dois minutos para receber um e-mail confirmando que uma compra foi aprovada) como nas de relacionamento.

   b. O entendimento de que hoje tudo é digital e, com uma boa dose de criatividade e algum esforço, toda interação pode ser capturada. É o que muitos chamam de O2O (offline to online).

      Outro dia, depois que o técnico da internet deixou a minha casa após resolver um problema no cabo, recebi um SMS da operadora perguntando se o serviço tinha sido feito com sucesso. Achei impressionante, pois uniram uma experiência digital (SMS) com uma interação física (manutenção). Descobri depois que o sistema utiliza o deslocamento do celular do funcionário, após o término do serviço, para perguntar ao cliente se estava satisfeito. Se eu não estivesse, eles poderiam pedir para o funcionário voltar rapidamente, evitando um custo futuro e uma insatisfação do consumidor.

      Se ontem comprei um produto em uma loja física e hoje naveguei em outro produto no site do mesmo varejista, não dá pra esperar uma semana para rodar o CRM e então decidir de qual grupo faço parte. Até isso acontecer, já comprei outro produto no mesmo site ou no concorrente.

5. O conhecimento da **estatística** para criar experiências **baseadas em regras** (e/ou algoritmos) que incluem, principalmente, a **propensão** a comprar algo. Propensão é o termo que se refere a fórmulas e cálculos que ajudam a prever qual produto (ou serviço) uma pessoa comprará de acordo com seus traços de comportamento ou a encontrar pessoas com semelhantes propensões.

Um banco pode promover o crédito imobiliário apenas para pessoas com propensão a adquirir esse produto, tanto entre seus clientes como para pessoas com perfil parecido com os de seus clientes, mas que não estão no seu banco de dados. Os motivos (atributos) daqueles que participam da regra de propensão podem ser desde óbvios (recém-casados) até inesperados, como tamanho do monitor ou tempo de navegação no site. A máquina leva todos em consideração para fazer as correlações, classificar os mais propensos e só então enviar a mensagem para eles. Ao decidir que o algoritmo deve escolher o que é melhor para o cliente, o banco pode, por exemplo, acabar com a disputa entre seus departamentos, que normalmente enviam mensagens de produtos diferentes, ao mesmo tempo, para os mesmos clientes.

Por meio do conhecimento da estatística podemos, por exemplo, eliminar o mito de que "não dá pra medir tudo", principalmente quando se fala em investimentos em mídia de massa. Existem modelos, como o MMM (Media Mix Modeling ou Marketing Mix Modeling), que apresentaremos aqui, que respondem a esse tipo de pergunta.

6. **A visão única do cliente** em todos os pontos de contato. Isso pode ser feito de forma automatizada em plataformas e também de forma manual, pedindo um CPF ou e-mail no início de uma interação. O importante é não falar com o cliente como se fosse a primeira vez que interage com ele. Por exemplo: recebo banners todos os dias de produtos que eu já comprei. Tamanha incompetência e desperdício podem ser facilmente resolvidos com boa vontade, algumas linhas de código e a motivação certa de gastar menos e melhor.

Entender que há atributos para diferenciar e encontrar as pessoas, fazendo com que sejam as mesmas no banco de dados da empresa pela interação no e-commerce, call center, caixa eletrônico, loja ou site é essencial não só para os modelos preditivos, mas também para se comunicar de forma organizada, o que muitos chamam de "orquestrada".

7. **A confiança no processo**. Esse é, na minha opinião, o princípio mais importante de todos, indo na direção oposta da nossa ansiedade e das nossas metas de curto prazo. O processo de criar inteligência com dados do passado para prever o futuro, de desenvolver protótipos e testá-los até finalmente mudar o negócio leva algum tempo. Esse processo é um **processo científico**, sim, o mesmo usado por cientistas: baseia-se na criação de hipóteses, nos testes e aprendizados (*Test & Learn*), na observação das evidências, na criação de experimento usando grupos de controle, dentre outros que abordarei no livro.

Vou apresentar, por exemplo, a história de um varejista cujos preços dos produtos passaram a ser calculados dinamicamente de acordo com um modelo preditivo que muitas vezes não considerava o preço do concorrente na fórmula. A exclusão desse fator e a inclusão de outros não lógicos na nossa cabeça passaram a fazer parte do cálculo apenas após muitos experimentos e testes de hipótese. Em outra história – de uma seguradora digital – descobriram que não eram os jovens millennials os mais propensos à compra online, mas sim aqueles com determinadas combinações de tamanho do monitor e do site de onde navegavam.

Seguir o processo foi essencial nesses dois casos, impedindo o time varejista de baixar os preços todas as vezes em que o concorrente faz o mesmo ou comprar mídia sempre pelo menor custo, quando poderiam confiar em um cálculo externo. O mesmo com a seguradora, que pode reduzir a compra de mídia em "supostos" compradores digitais por serem mais jovens (demografia) e focarem naqueles com comportamento preditivo de navegação.

Nas aulas de empreendedorismo do MIT eles definem protótipo como aquele experimento que sobreviveu a todas as tentativas de destruí-lo. Assim, seu criador faz de tudo para provar que está errado e, se sobreviver, é porque o produto é bom. Isso é diferente do apego a ideias que queremos que sobrevivam aos testes para serem implementadas simplesmente porque gostamos delas (apego).

8. **Criatividade, curiosidade e pensamento analítico.** As máquinas não farão nada sozinhas. A inteligência artificial é ferramenta poderosa nas mãos de gente criativa, curiosa e, principalmente, dotada de pensamento analítico.

Um dos melhores exemplos de criatividade que ouvi durante as entrevistas na construção deste livro foi na conversa com Fernando Migrone, Vice-presidente de marketing da SAP Brasil, experiente executivo com passagens por Nokia, Samsung e Microsoft, e também pai de gêmeos. Ele se lembrou da experiência que teve na American Express há muitos anos, quando estavam substituindo as máquinas manuais de cobrança em cartão de crédito com papel e carbono (lembrança que talvez só quem tem acima de 40 anos pode ter) por máquinas eletrônicas. Isso foi antes do celular, da internet e do Wi-Fi.

O sistema criado na época deveria ter baixo custo para ter escala. Foi construído usando como comunicação entre estabelecimentos (lojas, restaurantes etc.) e banco a linha telefônica e a URA (aquele canal de atendimento ao telefone "disque 1 para cobrança, 2 para crédito" etc.). Os sinais eram enviados pela linha telefônica e então tratados usando árvore de decisão (vamos aprender mais à frente). O projeto nacional foi tão premiado que acabou implementado ao redor do mundo. Como vimos anteriormente, IA não é um termo novo e a criatividade sempre foi chave. A única diferença é que hoje temos maior poder computacional, além do Wi-Fi e dos celulares.

Parafraseando a propaganda que dizia que "potência não é nada sem controle", criatividade e computação devem andar lado a lado com o pensamento analítico.

A imprensa é um prato cheio de pensamento não analítico. Jornalistas escrevem matérias com títulos como "Vendas de carros crescem mais de 113% em junho de 2020", comparando com o mês de maio, quando a pandemia da Covid-19 obrigou todas as concessionárias a fecharem as portas. Se tivessem comparado com junho do ano anterior, o título deveria apontar uma queda de 40% nas vendas.

No marketing é a mesma coisa. Diretores analisam resultados de campanhas sem usar um grupo de controle (pessoas não impactadas) e, com isso, tiram conclusões rasas ou partem do senso comum para criar estratégias. Um exemplo interessante descobri na entrevista que fiz com uma empresa de dados de localização de celulares. É muito comum ver varejistas acreditarem que o dado de visita à loja é correlacionado com compra e pedirem mídia digital nessas pessoas. O problema é que há uma variação enorme. Há casos onde, junto com outros dados, há um estímulo à venda; em outros, o impacto é até negativo.

9. **O fim dos departamentos como conhecemos**. Muito se fala em times multidisciplinares – dos quais sou um grande defensor –, mas há um aspecto importante que vai além de ter pessoas diferentes trabalhando em desafios de negócio de forma ágil: ter **autonomia**. Só se criam times de alta performance com autonomia para criar, pensar e colocar projetos na rua. Há centenas de talentos hoje em empresas fazendo provas de conceito e pilotos que não saem da gaveta porque não possuem autonomia. Sem essa porta aberta para a inovação, a interação e o aprendizado na rua, IA é só uma notícia para colocar no jornal.

10. **Escala**: elevar seu marketing e seus negócios à IA não é um produto de prateleira que você simplesmente compra de uma consultoria, agência ou empresa de tecnologia e acorda no outro dia com o problema resolvido. Ninguém começa voando e não há receita de bolo. Você deve começar pequeno para depois crescer.

Em uma startup de benefícios para funcionários em restaurantes (Allya) conheci uma estratégia interessante: os times (autônomos e multidisciplinares) possuem um cartão de crédito corporativo para comprar as ferramentas que quiserem até determinado limite de crédito, é obvio. Só depois de atingir o máximo que a ferramenta oferece, mostrando resultados bons para o negócio, é que procuram ferramentas maiores e mais caras.

Na história do varejista, escolheram um produto para começar — cobertor — e depois cresceram para outros em um programa contínuo de hipóteses e testes. No início, rodavam modelos em R (programa gratuito), expandiram a equipe e os produtos. Foram necessários dois anos até se pensar em ferramentas caras para ganho de escala.

Figura 5: A IA chegará a todos os lugares, mais rápido do que se imagina.

A eletricidade e o futuro do marketing elevado à IA

Depois de digerir todos os princípios acima, você deve estar se perguntando: onde eu estou nessa escala evolutiva? Até onde meu trabalho é elevado à IA? Para você se situar e saber que não está sozinho, vale se lembrar de duas pesquisas.

De acordo com a pesquisa Adobe de 2019[1], **apenas 4% das empresas** dizem que, nos diversos pontos de contato com os consumidores, utilizam inteligência de dados ou personalização das experiências.

Em pesquisa da Forrester de 2018[2], **35% dos diretores de marketing** das maiores empresas de B2C concordam que "dados mudando rapidamente são **o seu maior desafio**".

Seria só o começo?

Os professores do MIT Erik Brynjolfsson e Andrew McAfee, autores do livro *Machine Platform Crowd*, defendem que as **empresas ainda estão engatinhando em IA** e nos lembram de que foram necessárias décadas entre a criação da luz elétrica e seu uso na produção em massa de veículos, quando Henry Ford teve a brilhante ideia de distribuir a energia (agora em cabos) por toda a fábrica.

Quando Thomas Edison criou a luz elétrica em 1879, os maiores concorrentes eram o gás, perigoso, que iluminava as cidades, e o carvão, principalmente nas fábricas. Durante os primeiros 30 anos da invenção da luz elétrica, os concorrentes eram os mesmos. As fábricas usavam eletricidade para substituir carvão e gás, mas mantinham seu formato tradicional, onde as áreas que precisavam de luz ficavam ao redor das poucas e potentes fontes de energia.

O grande valor da invenção de Thomas Edison veio com a linha de produção — quando Ford, em 1913, usou os cabos elétricos para redistribuir as tarefas em sua linha de montagem. A linha de montagem provavelmente não existiria sem a eletricidade, assim como muitos negócios, estratégias e execuções revolucionárias que devem aparecer nos próximos anos talvez não venham a existir sem IA.

Ainda sobre as mudanças nessa virada de século e os impactos da eletricidade e das formas de produção, o economista Shaw Livermore, em estudo de 1935, descobriu que 40% das indústrias formadas entre 1888 e 1905 quebraram até 1930. Outro estudo, de Richard Caves, mostra que nas 42 empresas

---

1   https://landing.adobe.com/en/na/products/marketing-cloud/ctir-2358-infographic-retail-experience.html

2   Forrester Analytics Global Business Technographics Marketing Survey, 2018

dominantes de 1905 que ainda existiam em 1929, a participação de mercado delas havia caído entre 45% e 69%.

Como dizia Max Planck, **"de funeral em funeral caminha a ciência"**. Esse princípio do alemão vencedor do prêmio Nobel de Física previa que as mudanças científicas não ocorrem porque as pessoas mudam a forma de pensar, mas sim por sucessivas mudanças de gerações com pensamentos diferentes, "uma crescente geração familiarizada com as novas ideias desde o início".

Eu tenho fé de que nossa sociedade aprenda mais rápido e que não teremos tantos funerais.

Assim como Raul Seixas combinou rock com baião para começar a chamar a atenção, a mistura de marketing e IA promete fazer o mesmo. Ainda engatinhando, com pouca literatura e muita gente boa, colaborando e fazendo crescer pelo mundo, será dominante em poucos anos.

É só o começo!

TESTE!
O quanto elevado à IA é seu marketing?
(1- fazemos pouco até 4- fazemos muito)

1( ) 2( ) 3( ) 4( )   Toda iniciativa de uso de dados nasce de um desafio de negócio

1( ) 2( ) 3( ) 4( )   Profissionais de marketing ganham escala com ferramentas na nuvem

1( ) 2( ) 3( ) 4( )   Usamos regressões para aprender sobre propensão no marketing

1( ) 2( ) 3( ) 4( )   Confiamos nos processos e controlamos nosso apego às ideias da moda

1( ) 2( ) 3( ) 4( )   Nossos times criam e testam hipóteses todos os dias

Agora é só somar e marcar sua posição na régua (entre 0 e 20)

[00]   [05]   [10]   [15]   [20]

O teste completo pode ser encontrado no final deste livro ou no site www.marketing-ia.com

CAPÍTULO 4:

As diferenças entre Marketing, do Digital ao Elevado à IA

Dos cinco macacos até a campanha da reeleição de Barack Obama

" *Metade do meu investimento em publicidade é jogado fora; o problema é que não sei qual metade."*
John Wanamaker – empresário americano inventor da loja de departamentos – 1875

UMA FORMA FÁCIL DE PENSAR NUMA BOA PRÁTICA DE MARKETING ELEVADO À IA é o exemplo da inversão: você escolhe uma das centenas de experiências irrelevantes de marketing que vê todos os dias e imagina o cenário oposto. Somos rodeados de experiências ruins de marcas e produtos que, se trabalhadas com IA, poderiam **reduzir custos e aumentar exponencialmente suas conversões**, como mostram os casos a seguir.

Vou começar com meu exemplo: sou um homem de 43 anos que, aos sábados de manhã, costuma pegar o carro com os filhos e a esposa e dirigir da cidade de São Paulo até Campinas — a 1 hora de distância — para visitar os pais. Quando abro o aplicativo de mapas, aparecem duas propagandas:

- ▶ Uma loja de sapatos femininos;
- ▶ Uma escola de inglês.

Nenhuma delas no caminho para Campinas.

Eu poderia criticar dizendo que nenhum deles faz sentido para um homem de 43 anos que morou nos Estados Unidos, muito menos naquela situação frequente e conhecida (contexto) de ir para Campinas aos sábados; ou, pior ainda, quando os dois estabelecimentos estão fechados (às 8 horas de sábado). Tudo parece bem errado aqui.

Criticar a situação anterior sem saber o que se passa lá no marketing seria injusto. Isso porque, conforme veremos nos próximos capítulos, pode ser que um modelo preditivo tenha previsto que um homem de 43 anos, num sábado, olhando mapas, possui alta propensão a comprar um sapato feminino para sua esposa ou a dar um reforço no seu inglês.

Curioso que sou, fui até o fim: liguei nesses anunciantes, procurei conhecidos e falei nas suas agências de propaganda até descobrir que não havia qualquer modelo preditivo. Ambos estão comprando um monte de mídia digital olhando para o funil de conversão e pensando que "das 100 mil pessoas que viram o banner, nós convertemos 0,5% em cliques". Para piorar, em um dos casos eles avaliam resultados comparando o período anterior: "Melhoramos em 0,5% em relação ao mês passado". Comparar com o período anterior é uma visão muito simples de resultados — atrevo-me até a dizer que é incorreta.

A média de conversão das visualizações em cliques de banners em 2020 foi de 0,9% no Facebook[1], sendo varejo a melhor, com 1,59%; seguido de vestuário, 1,24%; automotivo, 0,80% e bancos, 0,56%; ou seja, se arredondar a média para 1%, significa que para os restantes 99% a mensagem foi praticamente irrelevante. Resultado: desperdiçaram dinheiro apresentando uma péssima experiência. Você pode incluir tudo o que quiser para justificar, de atribuição até a desculpa do *awareness*. O fato é que não vai diminuir os 99% de dispersão e desperdício.

O que vimos até aqui foi a **versão digital do marketing tradicional** "*spray and pray*", segundo a qual a mesma mensagem (assim como acontecia com o comercial de TV) é apresentada para milhões de pessoas enquanto apenas algumas (bem poucas mesmo) acabam comprando.

A **forma de pensar** utilizada aqui é a do velho **funil de conversão**. Nela, o profissional de marketing tradicional imagina perfis de pessoas (muitas vezes chamados de personas) e descreve suas características, como: homem de 40 anos que mora em grande cidade, de acordo com o que acha relevante para o negócio — neste caso, vender curso de inglês. Ele (ou sua agência de propaganda) cria um banner e compra espaços de mídia. É assim, tentando vender curso de inglês, que o banner aparece para milhares de homens de 40 anos. Desses, apenas 1% ou 2% têm interesse no assunto e clicam.

Marketing de interrupção

O efeito do funil é decorrente da escola do chamado marketing de interrupção. Diversas técnicas possuem a mesma raiz na interrupção: propaganda, marketing offline, TV, rádio, jornais, buscas, banners, vídeos, afiliados etc. No funil,

---

1   https://www.wordstream.com/blog/ws/2017/02/28/facebook-advertising-benchmarks

a mensagem muda apenas de acordo com o meio em que a oferta aparece, também conhecido como contexto.

O marketing de interrupção compreende mostrar uma mensagem (pode ser um banner, comercial, jingle, e-mail) enquanto o consumidor faz outra coisa (assiste ao seu programa favorito na TV, ouve música, lê e-mails etc.).

O problema é que nós, consumidores, usamos cada vez menos dispositivos onde aceitamos ser interrompidos. A tendência é substituí-los por dispositivos pessoais, privados. Nestes, a interrupção poucas vezes é bem-vinda. Exemplo: quando estou assistindo ao jogo de futebol e aparece uma propaganda no alto da TV dizendo que esse jogo é um oferecimento de uma determinada marca de cerveja, tudo bem! Mas quando estou no celular, onde estão minhas fotos, mensagens pessoais e minhas senhas, a intervenção não é bem-vinda: a tela é pequena e cobri-la com uma propaganda simplesmente não agrada. É só isso.

Com baixo conhecimento do consumidor e poucos dados realmente relevantes sobre quem poderia comprar um produto, o marqueteiro tradicional sem dados recorre muitas vezes a informações demográficas e vive correndo atrás do vendedor de mídia, seja ele uma rede social, site de notícias, portal ou vendedor de programática (falaremos mais dela a seguir). Esses são os chamados veículos de mídia, nascidos e criados no mundo da interrupção.

Como chegamos até aqui – a história dos macacos

Um grupo de cientistas colocou cinco macacos numa jaula. No centro havia uma escada alta com um cacho de bananas maduras no topo. Sempre que um macaco subia a escada, os cientistas esguichavam jatos de água fria **em todos os macacos**. Depois de um tempo, sempre que um macaco tentava subir a escada, **os outros macacos** batiam nele antes mesmo de o jato d'água ser acionado. Logo, nenhum dos macacos se atrevia a subir a escada quando chegava banana.

Em seguida, os cientistas removeram um dos macacos da gaiola, trazendo um novo. Assim que o novo macaco avistou as bananas e tentou subir a escada, os outros macacos bateram nele. Após apanhar várias vezes, o novo macaco aprendeu a não subir a escada, **mesmo que nunca soubesse realmente por que era "proibido".**

Figura 6: o experimento dos macacos

Um segundo novo macaco substituiu um dos originais remanescentes, com o mesmo resultado. O processo foi repetido com um terceiro macaco novo, depois um quarto e finalmente um quinto, sempre com o mesmo resultado. No final, a gaiola tinha cinco macacos que nunca haviam recebido um jato de água fria nem subido a escada para pegar novas bananas.

Mesmo que nenhum deles tenha tomado uma esguichada, todos ficaram lá olhando a banana e passando vontade, porque parece que ali as coisas sempre foram desse jeito. Muitas vezes o marketing funciona da mesma forma. Sem questionar, muitos profissionais fazem as coisas "porque sempre foi assim" e preferem ser conservadores, defendendo mais a máxima, "mas é assim que se faz" do que pensando e questionando de verdade.

O furacão Frances

Confiar no "sempre foi assim" combinado com "na minha experiência" — ou seja, fazer sempre do mesmo jeito — é um poço de oportunidades perdidas. Quer um exemplo? Se você fosse o gerente de uma loja de um supermercado e ficasse sabendo que um furacão se aproxima, **quais produtos você aumentaria em seu estoque, imaginando as necessidades dos consumidores para esse momento difícil?** Com certeza uma resposta bem rápida vem à cabeça: os itens de primeira necessidade, como pilha, lanterna e água. É assim que um marqueteiro tradicional pensa, igual aos macacos.

Em 2004, porém, na história contada pelo *New York Times*[2], o time do Walmart decidiu prever o que aconteceria com as vendas durante a aproximação do furacão Frances, que ameaçava a costa da Flórida. Algumas semanas antes da sua chegada, o time de dados reuniu trilhões de informações referentes ao que havia acontecido semanas antes, com a passagem de outro furacão, chamado Charlie. O time tentou descobrir o que seriam comportamentos incomuns de vendas — também chamados de anomalias — e encontrou dois produtos principais: cerveja e Pop-Tarts, um biscoito com creme sabor morango que teve uma demanda sete vezes maior que o esperado.

E isso aconteceu em 2004, quando nem iPhone existia.

---

2   https://www.nytimes.com/2004/11/14/business/yourmoney/what-walmart-knows-about-customers-habits.html

A campanha de reeleição de Barack Obama

Provavelmente um dos casos históricos mais marcantes de mudança na forma de trabalhar o marketing usando dados foi o da reeleição de Barack Obama à presidência dos Estados Unidos, em 2012. A história começa, na verdade, em 2008, quando sua equipe de campanha coletou dados de diversas fontes para classificar os eleitores em dois grupos, de acordo com a **probabilidade** de as pessoas **(1) apoiarem** ou **(2) votarem** em Obama. A diferença é simples: o grupo 2, com certeza, sairia de casa para votar no dia da eleição. Os dados eram atualizados semanalmente e os eleitores reclassificados de acordo com as mudanças. Os dados eram coletados a partir de:

▶ Entre 5 a 10 mil entrevistas via telefone, por estado;

▶ Mais de 1 milhão de ligações automáticas, onde uma voz gravada perguntava do outro lado da linha a intenção de voto;

▶ 180 milhões de cadastros e acessos ao site do partido;

▶ Mudanças de comportamento de acordo com notícias externas;

▶ Replicação das pessoas classificadas em pessoas não classificadas (modelo look-alike, a ser esmiuçado no Capítulo 10), usando mais de mil variáveis, incluindo registros de voto, endereço, bancos de dados de consumo e interações.

Foram classificados 69 milhões de eleitores dessa forma. O problema é que os dados eram pouco utilizados: só diziam, por exemplo, que "há aumento no número de apoiadores no estado de Massachusetts" e o marketing do partido fazia novos banners, mudava um conteúdo aqui ou colocava mais força de mídia ali. Não era feita nenhuma personalização.

A grande virada na reeleição de Obama ocorreu com três novidades. A primeira foi a inclusão de um novo grupo, chamado de **(3) influenciadores**, formado por pessoas que tinham poder de influenciar outras nas redes sociais.

A segunda — e mais impactante — foi a coleta de dados dos **"set-top boxes"**, aquelas caixas pretas que ficam embaixo da nossa TV e recebem o sinal do cabo ou satélite. Por meio delas era possível saber qual programa estava sendo transmitido durante a pesquisa. Por exemplo: durante a ligação telefônica na qual a família se mostrava propensa a ser "apoiadora", era coletada a informação do programa de TV que era assistido ali. A terceira novidade foi a confecção de mensagens personalizadas para os grupos combinada com a mudança drástica na forma de se fazer o **plano de mídia de TV**, que deixou de considerar variáveis como "programa para homens de 40 anos" ou "mulheres executivas" e passou a ser **apenas baseado em propensão**. Eram escolhidos programas de TV para anunciar a mensagem certa para o grupo certo, com a intenção correta. Um dos exemplos mais interessantes foi o do canal TV Land, que traz reprises de séries famosas na madrugada. Por apresentar uma alta audiência de "apoiadores" de Obama, a mensagem era chamada de "Levante-se para votar", para estimular a turma que não saía do sofá a se mexer no dia da eleição.

A métrica mais importante no comitê de campanha era a de "impacto em eleitores tipo 1, 2 ou 3, dividido pelo investimento". Assim, era possível saber se estava mais caro ou barato apoiar, votar ou influenciar! Os dados demográficos (gênero, idade, endereço...) foram deixados de lado.

O caso de Obama deixou duas lições: a primeira é que a intenção de ter um marketing baseado em IA usando propensão começou em 2008, embora ele só tenha sido colocado em prática em 2012. Isso deve te estimular a pensar no presente e visualizar que em poucos anos aquele dado, mídia ou propensão que você tanto queria poderá estar disponível — ou então estarão novos meios para isso. O fato é que você já pode construir as bases.

A segunda lição é a de que é possível decidir qual programa de TV terá inserção de comercial e de mensagem de acordo com propensão, e não de acordo com dados demográficos. E isso foi feito lá atrás, em 2012. Existem opções bem mais avançadas hoje em dia.

Voltando para minha viagem de São Paulo a Campinas.

Pensando na escola de inglês que mostrou o banner no aplicativo de mapas quando me preparava para ir de carro para Campinas: trata-se de um departamento de marketing baseado na lógica do macaco, que compra mídia olhando para o preço (custo por clique, custo por milhar...), coloca tudo no funil, converte (com sorte) 1% do investimento em cliques e, com muito mais sorte, 0.01% dos impactos em alunos matriculados. E, chegando ao cúmulo da sorte, consegue calcular o retorno desse investimento — retorno esse separando o resultado atribuído à propaganda digital ao da placa em frente à escola, da influência do novo professor de inglês da novela das nove, da tendência à compra de cursos de inglês do início de todo ano ou da nova empresa americana que acabou de se mudar para o prédio vizinho com centenas de funcionários... Isso tudo ainda acontece em 2020, 16 anos após a história do Walmart.

O que a escola de inglês aprendeu com os cliques e as conversões? Provavelmente que alguns homens de 40 anos em grandes cidades compraram aquele curso. E não aprenderam nada com as pessoas que não clicaram nem com as pessoas que possuem interesse, mas não foram classificadas como "40 anos" na segmentação da compra de mídia. Além disso, não fizeram a lição de casa em explorar o ouro que possuem nas mãos: os **dados dos próprios alunos**, para saber se possuem características comuns que poderíamos extrapolar para encontrar outros interessados ou outros momentos, assim como fez o Walmart, e descobrir que, de repente, a variável mais marcante na propensão poderia ser "pessoas que tomam café na padaria ao lado antes das 7 horas da manhã".

A escola apenas replicou o marketing tradicional no meio digital. Nada se aproveitou da abundância de dados e canais típicos do digital para melhorar o marketing.

Por que é tão difícil se livrar da síndrome do macaco?

Nossa mente é muito mais forte, resistente e enviesada do que imaginamos. Vamos falar sobre isso no capítulo sobre pensamento analítico, mas já é possível adiantar os dois fatores que mais colaboram para a manutenção do status quo:

- ▶ **Bom senso** e experiência: em véspera de furacão, um estoque extra de pilhas, água e lanternas com certeza faz sentido e provavelmente as vendas devem aumentar – assim como as vendas vão cair com as lojas fechadas durante a tempestade. No entanto, vamos imaginar que abriu em frente uma loja concorrente e isso está começando a atrapalhar as vendas e aqueles resultados tão bons do passado. Neste caso, a caixa de ferramentas de sempre pode fazer algum efeito, mas é só isso. Sair do bom senso e do "na minha experiência", procurando nos dados soluções como a do biscoito de morango e a cerveja, são essenciais para crescer.

- ▶ O "sempre foi assim" do macaco não está só nas pessoas, mas em todo **ecossistema** e na forma como ele está programado. Por isso é difícil mudar. Um exemplo é a remuneração das agências de propaganda, que na grande maioria dos casos é calculada com base no investimento de compra de mídia do anunciante. Além da comissão conhecida, em muitas vezes há também uma comissão extra, por volume, paga pelos veículos de mídia – digitais e não digitais –, que em vários casos chega a ser a maior parte da receita de uma agência, acredite! Em economia chamamos isso de conflito de interesse: o seu agenciador ganha mais quanto mais você (empresa/anunciante) gasta, e não pelo resultado entregue.

  Para distanciar ainda mais essa situação do mundo em que vivemos, negociações são feitas com meses ou até anos de antecedência, dando margem mínima de manobra quando se comprometem verbas em favor de descontos que, a rigor, podem ser grandes desperdícios.

AS DIFERENÇAS ENTRE MARKETING, DO DIGITAL AO ELEVADO À IA

Dessa forma, sempre que um anunciante pede algo para uma agência, a primeira resposta padrão é a compra de mídia. Afinal, é esse o negócio da agência – agenciar e ser remunerada por isso. Mais para frente neste livro vamos falar sobre o tema com mais detalhes, mas vale lembrar como são divididos os cargos nas agências: de um lado os compradores de mídia, que decidem o meio onde será veiculada a mensagem; de outro, os criadores dessas mensagens. Trabalham como uma fábrica, encaixando mensagens em espaços de veiculação, de acordo com incentivos financeiros não alinhados aos resultados de negócio.

São fábricas que despejam investimentos na parte de cima do funil e esperam baixar para resgatar os que sobram lá embaixo. Se precisamos de mais conversões no segmento inferior, basta aumentar a "boca", a parte de cima do funil.

No marketing elevado à IA, o **funil pode ser uma forma de representar** os dados em um relatório. Você terá uma fotografia de quantas pessoas estão espalhadas nos diversos estágios de conhecimento/interesse/consideração/fidelização. Mas isso é apenas uma fotografia, não pode mais ser uma forma de pensar. Essa é minha maior crítica ao **pensamento tradicional de marketing baseado em funil**: os profissionais confiam no bom senso, nos livros tradicionais, nos "4 Ps" e na forma como sempre foi feito e acabam por replicar essa ideia de despejar na parte de cima e rezar para tentar perder menos ao longo do caminho.

Isso não acontece somente em empresas grandes. Quando me questionam sobre como usar IA em empresas pequenas e médias, respondo com a pergunta: "O que você está fazendo?" E a resposta normalmente começa com a compra de mídia.

Ouvi uma história interessante de uma loja de venda de camas e colchões. Como em muitas empresas de varejo de tamanho médio, o principal investimento está na localização das lojas e no visual das fachadas. Tudo para atrair o consumidor que passava em frente. Quando começaram a investir no mundo digital, iniciaram com banners, mas para quem? Qual o perfil de compra de colchão? A verdade é que todos somos potenciais consumidores de colchão. A pergunta deve ser: **quando** compramos colchão? Em um trabalho com uma empresa de dados de localização de celulares, após alguns cruzamentos, foi encontrada uma correlação muito forte entre visita a cartórios e visitas à loja. O interessante desse estudo é que pode ser feito de forma anônima: "celulares que passam no ponto A, antes passaram em qual ponto B".

Eles, então, adicionaram um filtro à compra de mídia, passando os endereços dos cartórios. O resultado inicial foi um aumento no custo de mídia (CPC — Custo por Clique e CPM — custo por mil impressões), mas o resultado em vendas foi fantástico! Após o clique havia um cupom de desconto que as pessoas mostravam na loja. Em um determinado mês, o uso de cupons **incrementou** as vendas em mais de 30%. O termo "incremento" é importante, pois mostra que houve a preocupação de segmentar, mas não apresentar mídia para um grupo de controle, medindo a diferença do impacto de quem já ia comprar na loja e quem comprou por causa da propaganda.

A comunicação seguindo a mentalidade do funil e do macaco pressupõe desconhecer seus consumidores e, mais a fundo, desconhecer os atributos que fazem seus consumidores serem seus compradores. O princípio da compra de mídia é **de fora para dentro**. Na história das camas e colchões isso foi feito de forma anônima, considerando consumidores aqueles que visitam e ficam nas suas lojas por mais de 30 minutos.

O marketing elevado à IA, por sua vez, é "de dentro para fora", do indivíduo para o grupo. Em um exemplo hipotético de modelo preditivo usando dados de cadastro, o Fernando tem 40% de chances de comprar um determinado produto porque antes disso ele passou 5 minutos no site, em dia ímpar, depois de ter passado três vezes em frente à loja. Pronto, é só isso. Você pode até tentar classificá-lo em um estágio, mas isso não funciona, porque para cada produto da empresa ele está em um estágio diferente e esse estágio muda todos os dias, o dia inteiro, conforme ele se comporta e interage com a marca, a loja, os amigos, o celular etc.

"De dentro pra fora" significa que o marketing elevado à IA é focado e se inicia nos **indivíduos**, nos seus comportamentos, no histórico das campanhas, nos resultados e dados para depois utilizá-los em previsões e personalização em massa, escalando todo o negócio, ou seja, não se trata apenas de uma forma de fazer, mas de como **pensar para, então, executar** o marketing.

Não sou avesso ao investimento em meios tradicionais de *awareness*, como TV. Sou contra a ideia de simplesmente fazer porque sempre foi feito assim ou de fazer sem pensar em medir, ou seja, da forma como muitas vezes foi feito. Mais à frente vou detalhar a história de uma campanha para distribuição de amostras grátis de que participei. Depois de um excelente trabalho de aquisição usando apenas meios digitais, otimizando canais, trocando e testando mensagens, testes A/B etc., chegamos a uma saturação: mesmo gastando mais, novas conversões não chegavam. Foi então que nos ofereceram incluir o endereço do site no rodapé do filme de TV de uma campanha que já estava em andamento. Com poucas exibições estouramos a meta e distribuímos tudo! Isso significa que jogamos tudo para o alto? É claro que não. Continuamos medindo, investimos em locais diferentes para medir o impacto com e/ou sem digital e atualizamos todas as métricas. O custo de aquisição subiu? Óbvio que sim! Mas isso foi calculado após uma análise do LTV dos clientes que estávamos adquirindo no meio digital. Valia a pena o esforço para o ganho futuro de participação de mercado.

Figura 7: o fim do pensamento em forma de funil "de fora para dentro"

De volta ao cenário hipotético da minha viagem de São Paulo a Campinas, se feita por um time de marketing elevado à IA: aqui, os modelos de propensão chegaram à conclusão de que homens que pegam carro todo sábado para ir a Campinas têm chances grandes de parar na estrada para abastecer com álcool quando saem depois das 10 horas. A propensão é mínima quando saem antes das 9 hras, mas é enorme depois das 10 horas. O mesmo não ocorre com gasolina. Você sabe por quê? Nem eu! **E nem quero saber**. Isso é confiar no modelo e rodar testes até ser o mais preciso possível. Horário, local, estrada, destino, homem, álcool etc. são apenas **traços** (também chamados de atributos ou variáveis) que usamos para calcular a propensão e, então, fazer uma oferta personalizada: "álcool no posto de gasolina do João em 12× no cartão, só hoje, abasteça e ganhe um café".

Conheci uma história interessante em uma companhia aérea, onde entrevistei executivos de marketing: o objetivo era vender mais assentos com espaço extra para as pernas, um up-sell da classe econômica. A hipótese era de que todos que voaram nesse tipo de assento — por gostarem da experiência — teriam maior propensão a comprar novamente. Então, agruparam pessoas com essa característica e sempre que entravam no site recebiam mensagens lembrando--lhes do quanto era bom voar nesse tipo de assento. O resultado foi insignificante e cancelaram a iniciativa. Essa história ilustra muito bem a diferença entre o que aprendemos trabalhando com os dados e propensão versus nossa intuição de marqueteiro. Por outro lado, também demonstra uma ótima postura — a de que esse "erro" faz parte de um processo de testar hipóteses até se encontrar modelos e estratégias vencedoras.

Nessa companhia aérea eles são orgulhosos de erros como esses, comemoram o aprendizado e partem para novas experiências, sendo um excelente exemplo de marketing elevado à IA.

Quando fazemos cálculos de predição e probabilidade usando os dados de interação, trabalhamos no sentido "**de dentro pra fora**", distanciando do achismo baseado em intuição e demografia (idade, sexo, fez isso, comprou aquilo), deixando de criar regras da minha cabeça, como, por exemplo, "motoristas homens param na estrada para tomar café de manhã" ou "quem comprou esse assento vai comprar de novo".

Era assim, baseado em bom senso, intuição e experiência, que muitas vezes fazíamos marketing e daí se justificava a dúvida de John Wanamaker. Felizmente, não será assim daqui para frente.

TESTE!
O quanto elevado à IA é seu marketing?
(1- fazemos pouco até 4- fazemos muito)

1( ) 2( ) 3( ) 4( )   Só ouvimos o "Na minha experiência..." quando embasado em dados

1( ) 2( ) 3( ) 4( )   Substituímos o pensamento de funil pela curiosidade usando os dados

1( ) 2( ) 3( ) 4( )   Medimos tudo o que importa para nossos indicadores de negócio

1( ) 2( ) 3( ) 4( )   Sempre consultamos referências científicas e publicações anteriores

1( ) 2( ) 3( ) 4( )   Todos os dias temos experimentos sendo criados, testados ou validados

Agora é só somar e marcar sua posição na régua (entre 0 e 20)

[00]   [05]   [10]   [15]   [20]

O teste completo pode ser encontrado no final deste livro ou no site www.marketing-ia.com

CAPÍTULO 5:

Desconstruindo a IA para construir um novo Marketing

Como uma seguradora reduziu o custo de aquisição pela metade e um varejista economiza milhões em compra de estoque todos os anos

"It's times like these	Em tempos assim
You learn to live again	Você aprende a viver de novo
It's times like these	Em tempos assim
You give and give again	Você se entrega e se entrega de novo
It's times like these	Em tempos assim
You learn to love again	Você aprende a amar de novo
It's times like these	Em tempos assim
Time and time again"	Outra e outra vez

Foo Fighters – Times Like These

COMO VOCÊ ENSINARIA UM CARRO A DIRIGIR SOZINHO?

Se você pensou em ensinar o programa para o carro dizendo "pare no vermelho", "ande no verde" ou "desvie da árvore", você errou. Não é bem assim.

Carros autônomos são equipados com centenas de sensores que capturam milhões de dados por segundo. Eles absorvem tudo o que veem, ouvem e sentem, enquanto uma pessoa de carne e osso os dirige. Horas e horas de pessoas dirigindo carros são gravadas. O resultado disso é um algoritmo que, via uma aplicação (um programa) vai reproduzir toda essa intrincada relação entre estímulos e reações em outro carro sem motorista. Assim como uma criança aprende a falar, um carro aprende a dirigir: observando, tentando e errando até acertar.

Apresentando o DIAGRAMA de Marketing Elevado à IA

Agora usaremos a **linguagem de IA** para colocar tudo isso em diagrama: do lado esquerdo estão as 1) Entradas, onde está o Big Data com tudo o que é captado pelos sensores. À direita estão as 2) Saídas, conhecidas como a pessoa que dirige corretamente (em IA nos referimos a "modo supervisionado" porque as saídas são tangíveis e conhecidas, como veremos no capítulo 10). O resultado das comparações de 1+2 é capturado no 3) Algoritmo, que será utilizado para replicação em uma 4) Aplicação ou programa de computador.

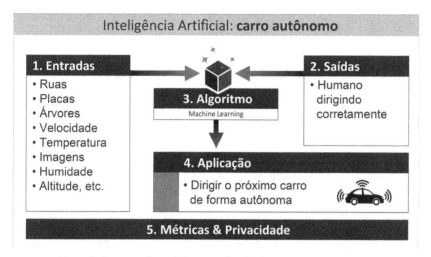

Figura 8: diagrama de inteligência artificial aplicado ao carro autônomo

Na figura 8, o algoritmo é representado por uma **caixa preta** onde, por meio de fórmulas e regras, guardamos o aprendizado da relação entrada x saída. A consequência é uma "**inteligência**" usada na forma de uma aplicação (software) que vai dirigir carros por aí sem a necessidade de um motorista.

Esse método de aprendizado é o que se conhece por *machine learning* (em português, aprendizado de máquina), uma disciplina da inteligência artificial. Um dos melhores exemplos de *machine learning* eu ouvi do meu eterno mentor e ex-chefe Maurício Castro, quando me explicou, lá atrás, em 2005, o significado de sexto sentido na visão de um cientista:

"O seu cérebro vai capturando — de forma inconsciente — milhões de dados das pessoas com quem você se relaciona no dia a dia. Daí ele vai comparando com as alegrias e decepções dessas relações. Quando você desconfia de alguém graças ao que você chama de **sexto sentido, é porque essa pessoa tem traços que você não consegue explicar de forma consciente, mas seu inconsciente está formando uma opinião sobre eles.**"

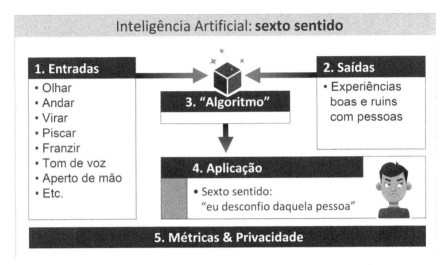

Figura 9: diagrama de inteligência artificial aplicado ao sexto sentido

É como se seu cérebro fizesse uma pontuação, um *score* para cada um dos mínimos movimentos, gestos, palavras e olhares daquela pessoa e desse uma nota, "desconfiança nível 9,5". É quando seu sexto sentido grita: "Tem coisa aí!"

Ou seja, o seu cérebro (assim como o computador) usa dados do passado para prever o futuro.

Esse princípio científico do sexto sentido lembra a forma do carro autônomo atuar: **não fornecemos regras "conscientes", mas o algoritmo aprende com as idas e vindas de entradas e saídas dos dados "inconscientes"**. Uma caixa preta se forma e nela tudo faz sentido. Mas ela é igual ao nosso cérebro: impossível de abrir para deduzir que "foi o dedo pra cima, combinado com o olhar pro centro" que causou aquela má impressão.

Aqui, o sexto sentido dizendo "eu não gosto daquela pessoa" é a replicação do aprendizado da caixa preta (inconsciente), que aprendeu com as interações de pessoas boas e ruins com você.

Machine learning versus baseado em regras

Fazem parte da inteligência artificial tanto o *machine learning* como o modelo baseado em regras. Podemos entender suas diferenças a partir do exemplo do aprendizado da língua:

▶ Uma criança aprendendo a falar é um paralelo de machine learning: ela não aprende utilizando as regras de presente, passado, verbo ou predicado, porém ela aprende de tanto ouvir, observar e tentar. A criança não saberá explicar as regras gramaticais contidas na sua cabeça, mas ela saberá falar tudo muito bem, no presente, passado, plural, singular etc.

▶ Quando um adulto aprende um segundo idioma, o método é o **baseado em regras**. Aqui os professores explicam a terceira pessoa, passado, futuro etc. São formas de comparar o que se aprendeu gramaticalmente em uma língua para aplicar em outra. Nesse aprendizado todas as regras são abertas, visíveis e utilizadas com frequência.

A melhor lição que tive sobre o tema foi entrevistando Kendji Wolf, diretor de dados da Via Varejo, bacharel em estatística pela Unicamp e professor na Poli/USP. Foi desse currículo, que me parecia muito técnico, que ouvi as melhores e mais elegantes explicações:

*"A grande diferença dos modelos de **machine learning** para um modelo preditivo tradicional é que o ML usa os erros de uma interação como a entrada para a próxima interação (estimativa). Com isso, o processo de ML vai minimizando o erro, ou seja, ele vai 'aprendendo' com os erros passados. A criança aprende assim, como o ML, pois usa o erro de uma frase para formar a próxima. Os adultos, por sua vez, aprendem como os modelos tradicionais: analisam, querem entender cada detalhe e demoram a corrigir seus erros entre uma interação."*

No mundo da computação é parecido. Devavrat Shah, professor e diretor de estatística e ciência de dados do MIT, explica as diferenças entre a forma de pensar de estatísticos (neste caso, baseado em regras) e a de programadores ou *machine learners*, a partir da fórmula de Einstein, que está no centro da energia nuclear ($E=MC^2$):

"A partir de certa quantidade de massa podemos gerar energia, que é a massa vezes a velocidade da luz ao quadrado. Um **estatístico** olhando isso dirá que 'realmente há um entendimento preciso dessa relação', ou seja, que energia igual massa vezes velocidade da luz ao quadrado é importante **e é uma regra que explica a relação entre entradas em saídas.**

Por outro lado, se você perguntar a um programador **aprendiz de máquina** (em inglês, *machine learner*), ele dirá que 'a caixa preta diz que se eu inserir massa (entrada), ela me dará uma saída em energia à qual é equivalente'. E continuará: 'Eu não me importo com o que a caixa preta realmente contém, quais suas regras e fórmulas.'"

Conclusão: são **perspectivas** diferentes e é isso que diferencia o aprendizado baseado em regras do *machine learning* (aprendizado de máquina).

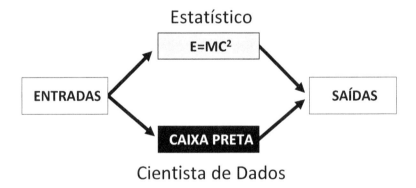

Figura 10: estatísticos versus cientistas de dados (*machine learners*)

Importante salientar que, nos dois casos, o objetivo da construção de modelos preditivos é o de estimar o valor desconhecido de um alvo futuro, uma propensão percentual ou um agrupamento. Se você fará isso com regras ou com caixa preta é uma questão de recursos e cenários, mas os objetivos iniciais se mantêm. É por isso que, no nosso diagrama, o passo 3 é chamado de "algoritmo, fórmula ou regra".

Como um varejista aplicou o marketing elevado à IA para vender pelo melhor preço ao consumidor e ainda economizar milhões em estoque.

Desafio:

O maior desejo dessa rede varejista que vende de tudo em mais de 100 lojas de rua e no site era o de mudar os preços dos produtos de forma dinâmica, ou seja, trocá-los todos os dias na loja física e de hora em hora no e-commerce. Mais do que isso, o objetivo era **criar um modelo inteligente**, que pudesse ir além do preço influenciado pelo volume do estoque ou pela guerra de preço dos concorrentes — como normalmente se faz.

Nas palavras do CEO da empresa, "muitas vezes a venda era consequência de uma compra ruim". O que ele queria dizer era que é difícil calcular preço, porque se for barato, o varejista perde margem; e se for caro, perde vendas. O ponto de equilíbrio deveria ser calculado de forma a maximizar o quanto um consumidor está disposto a pagar no momento da compra. Capturar esse momento ideal é muito difícil.

Estratégia:

O primeiro passo foi escolher um produto para começar. Procuraram um produto de baixa importância no volume total de vendas, mas com um bom volume mínimo para que pudesse haver dados para se trabalhar. Assim seria possível testar e errar até aprender. Como se tratava de uma capital quente do Sudeste, o primeiro produto escolhido foi cobertor.

Entradas:

Todas as informações possíveis de capturar para montar o modelo. Começando pelo mais óbvio, vamos usar a nota fiscal. Ela possui desde horário da compra até CPF (recorrência do consumidor), loja, endereço e outros produtos da mesma compra. Outros dados externos também foram agregados, como temperatura, chuva, Wi-Fi etc.

Saídas:

- Compras de cobertor – registradas em nota fiscal;
- **Não** compras de cobertor (toda nota fiscal que não tinha registro de cobertor).

Algoritmo:

Aqui a caixa preta dará lugar a uma série de correlações para entender as conexões entre dados do passado para, assim, **prever** (e mudar) o futuro, baseado em regras.

Aplicação:

Juntando tudo isso, o software utilizará as fórmulas matemáticas aprendidas com os testes para mudar os preços dinamicamente no dia a dia.

Os quatro itens acima estão representados no diagrama da Figura 11

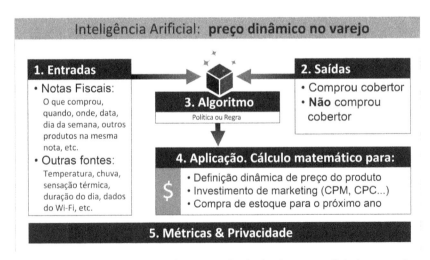

Figura 11: diagrama elevado à inteligência artificial aplicado ao preço dinâmico no varejo

Resultados:

- ▶ **Correlações:** não foram encontradas, por exemplo, correlações de impacto entre vendas e dia da semana. Até aqui parece óbvio, mas o mesmo aconteceu na correlação de vendas com a temperatura no dia da compra! Porém uma correlação importante foi descoberta: "quando a temperatura fica abaixo de um determinado valor em °C, mesmo que só por um dia, o impacto nas vendas no dia seguinte é enorme".

- ▶ **Aplicação:** foi criada uma fórmula matemática (algoritmo) que mudava o resultado o tempo todo, definindo o preço ideal, que, ao mesmo tempo, encontrava a melhor margem para a empresa e a melhor atratividade para o consumidor.

Esse cálculo não só mudava os preços, mas também o preço máximo para compra de mídia, ou seja, na hora de dar o lance na compra de banners, seja no Facebook ou na mídia programática, o CPC (custo por clique) e o CPM (custo por mil) eram definidos de acordo com essa predição e personalização da experiência.

Os benefícios não param por aí. Outra conquista foi na **redução do volume deixado para a queima de estoque, ao final da estação,** ou seja, o varejista vendia todos os dias de forma otimizada, extraindo a melhor margem e não deixando nada para o fim da estação.

Impacto no negócio:

O sucesso foi tão grande que outros produtos foram adicionados, com times de estatísticos e de programadores passando a trabalhar todo o portfólio. Já foram contabilizados mais de **R$ 100 milhões de economia em compras e um incremento de mais de 7% na margem média final.** Isso é muito para um grande varejista! O projeto já se pagou mais de 50 vezes.

Indo além:

A compra por volume criava estoques que muitas vezes eram queimados ao longo do ano em momentos de venda abaixo do esperado. A partir da nova dinâmica, foram otimizados a venda do dia a dia e o cálculo de quantos produtos devem ser comprados (e estocados) para a próxima temporada.

Como uma seguradora digital reduziu seu custo de aquisição em 50%

A seguradora é apenas digital, nasceu digital e prometia fazer tudo pela internet. Mesmo assim, criou um call center de suporte para aqueles que merecem uma forcinha pessoal. Todos os dias, além de atender aos chamados, o call center também ligava para as pessoas que faziam pedidos de cotação online. Como consequência, mais de 80% dos fechamentos eram tocados pelo call center.

Desafio:

Separar o joio do trigo — conseguir prever, com base na navegação, quem são as pessoas que vão converter apenas navegando no site, sem a necessidade de contato com o call center.

Em outras palavras, descobrir traços comuns (atributos de entrega) que caracterizam as pessoas que fazem compra exclusiva no meio digital e usar essa informação (inteligência) para prever (e assim personalizar) o comportamento dos próximos visitantes.

Entradas:

São todas as variáveis que capturamos na visita ao site, desde aquelas anônimas (tempo no site, visitas recorrentes, navegador, cidade, origem etc.) como também as identificadas (são parte da cotação: nome, idade, e-mail, gênero etc.)

Saídas:

- ▶ Pessoas que compraram no site **com** contato do call center;
- ▶ Pessoas que compraram no site **sem** contato do call center;
- ▶ Pessoas que **não** compraram no site, **com** contato do call center;
- ▶ Pessoas que **não** compraram no site, **sem** contato do call center.

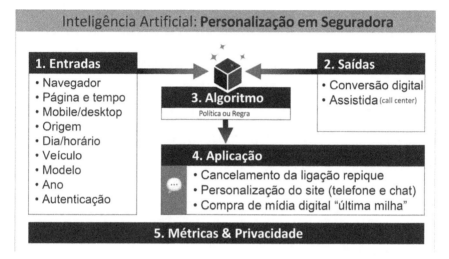

Figura 12: diagrama aplicado à propensão de conversão apenas digital na seguradora digital

Resultados:

Correlações: se você acha que os jovens possuem maior propensão para compra online, errou. Aplicativos e redes sociais? Errou. E-commerce? Talvez. Algumas das variáveis com maior peso na propensão de compra exclusivamente digital foram:

1. **ORIGEM** – Por exemplo, link patrocinado;
2. **NAVEGADOR** – Chrome, por exemplo;
3. **TAMANHO DA TELA** – Esse foi o mais impressionante: incluir o tamanho da tela em pixels também melhorava o modelo de predição para a compra apenas online.

Aplicação em tempo real: importante enfatizar que todas essas variáveis são anônimas, ou seja, os novos usuários que entram no site já podem ser classificados com esses traços (migalhas de pão deixadas no caminho).

Coeficiente: Seguindo o princípio do "sexto sentido", um coeficiente é aplicado para cada visitante do site, mesmo sendo anônimo. Quando aquele usuário é classificado em "alta propensão digital", **a mágica da personalização acontece:**

▶ O número do telefone para chamar o call center fica bem pequeno na tela;

▶ O usuário não vê os banners de interação com o *chatbot;*

▶ Se um pedido de cotação é enviado, o call center não liga para o visitante.

Exemplo: se uma pessoa chega ao site depois de clicar na busca do Google (origem) estando em um navegador Safari e em um computador cujo tamanho da tela é 800×600, ele ganha muitos pontos e seu coeficiente de propensão "compra apenas digital" fica altíssimo. A partir daí, o número do telefone diminui, os banners de convite para *chatbot* desaparecem e o call center fica impedido de ligar para ele no dia seguinte.

Impactos no negócio:

▶ Redução de 50% no custo de aquisição da companhia. Isso porque o call center passou a ser usado apenas nas vendas nas quais a intervenção do operador realmente fazia a diferença no fechamento;

▶ Melhoria de 20% na satisfação dos novos clientes. O motivo é uma navegação que − surpresa! − só mostra aquilo que o usuário quer, sem atrapalhar sua jornada.

Um dos melhores aprendizados no caso da seguradora foi o **xeque-mate no pensamento de marketing tradicional,** que se baseia muitas vezes no bom senso, acreditando que jovens converteriam mais (não foi a verdade) ou que seria bom colocar *chatbot* em toda tela (aprendemos que isso não serve para todo mundo).

Retornando para a história da campanha à presidência de Obama, o cruzamento dos dados e a inclusão dos *setup boxes* podem ser visualizados no diagrama, conforme a Figura 13.

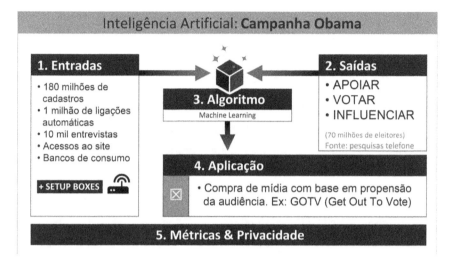

Figura 13: modelo preditivo da campanha de Obama no diagrama de marketing elevado à IA

Indo além: mídia programática

A inteligência criada com as correlações encontradas pela seguradora foi utilizada não só na personalização do site segundo a propensão, mas também no aplicativo, no call center e até na compra de mídia digital. Dessa forma, os banners passaram a ser apresentados para pessoas que possuíam os mesmos traços (atributos) das pessoas com alta propensão à compra apenas digital. Isso foi capaz de **reduzir o custo de compra de mídia em aproximadamente 15%**.

A redução só não foi maior porque a seguradora achou melhor manter, em paralelo, a compra de mídia que ela chama de "mar aberto", impactando milhares de pessoas apenas de acordo com dados demográficos (segmentação com base em idade, renda, sexo, família, educação etc.), ou seja, ela decidiu manter ambos "de dentro para fora", usando o modelo preditivo, como também o "de fora para dentro", usando a mentalidade do funil de conversão.

Redes sociais

A seguradora também investiu numa terceira vertente de dados: o envio da base de e-mails das pessoas que não converteram, para a rede social, a fim de impactá-las novamente em mensagens de banner.

Essa estratégia tem três problemas: o primeiro é o da causa e consequência. Os resultados são melhores porque impactamos pessoas propensas ou será que elas já iam comprar e assim nós gastamos dinheiro à toa? No capítulo sobre métricas, vou entrar nesse fator mais a fundo.

O segundo erro estratégico é o da privacidade dos dados. Segundo as leis de GDPR (Europa), e LGPD (Lei Geral de Proteção de Dados) no Brasil, isso não pode ser feito. As redes sociais e plataformas de martech já estão trabalhando alternativas para essa transmissão de dados. É bom ficar alerta.

O terceiro erro estratégico desse modelo de compra de mídia, em minha opinião, é o de deixar o aprendizado do lado do veículo de mídia. Explico: quando a própria empresa (anunciante) faz os modelos de propensão para comprar mídia apenas para determinadas pessoas, a sua comunicação com os veículos de mídia é limitada a "exibir banner para esse computador ou celular", compartilhando o mínimo possível da estratégia, dos dados ou qualquer outra coisa com a rede social ou empresa de mídia programática. Isso minimiza (mesmo que não eliminando totalmente) o uso desse aprendizado que o veículo teve com a sua campanha em um concorrente seu.

Entregando o ouro

Eu nunca tinha visto anúncios de cursos online durante minha navegação na rede social nem em banners pela internet. Até que vi um banner de uma faculdade (onde já tinha estudado e gosto muito) sobre um novo curso online. Interessei-me, cliquei e comprei o curso. Eu não sei como a faculdade me achou, se foi usando filtros de segmentação no veículo de mídia (a rede social) ou se usou inteligência e percebeu que o Fernando do banco de dados tinha propensão e então me mostraram o banner. Nunca vou saber.

Uma coisa, porém, eu sei: após esse episódio, comecei a receber banners de faculdades concorrentes o tempo inteiro. Centenas de banners. Imaginando que eu fui encontrado graças ao esforço da minha faculdade, vejo uma grande injustiça — em cima do mérito dessa instituição, outras faculdades pegaram carona. Não estou dizendo que rede social compartilhou meus dados com outras faculdades, mas o seu algoritmo **aprendeu** com meu clique e usou esse aprendizado para alimentar os concorrentes da minha faculdade. Isso é fato, conforme a Figura 14.

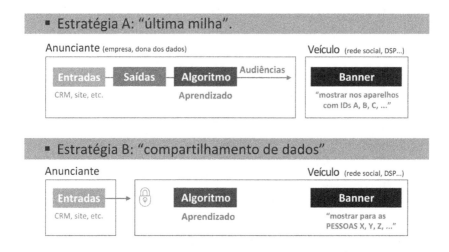

Figura 14: representação das estratégias "última milha", onde o veículo (rede social ou programática, por exemplo) tem acesso limitado aos dados e pouco aprende, versus "compartilhamento de dados", onde, além dos problemas de privacidade, é um compartilhamento de dados sem preocupação de aprendizado dentro da empresa.

Uma das capas de revista mais compartilhadas em palestras de marketing é da *The Economist*, com o título "Dados são o novo petróleo". A matéria compara as maiores empresas de hoje (tecnologia = Google, Facebook, Uber) com a riqueza dos anos 1980, simbolizada por plataformas de petróleo em alto mar. A revista tem toda razão, mas eu iria além: se eu ganhar um barril de petróleo hoje, não saberei o que fazer com ele e provavelmente vou vender baratinho para o primeiro que aparecer. Isso porque não sei extrair valor disso. O valor está na extração, no algoritmo que aprende e replica o aprendizado, muito mais do que nos dados sozinhos.

O exemplo da P&G

Em entrevista no final de 2019 para a CNBC[1], traduzida também no Brazil Journal[2], o diretor de marca (Chief Brand Officer) da P&G, Marc Pritchard, relata uma redução de mais de 1 bilhão de dólares em compra de mídia nos EUA, enquanto as vendas cresciam, usando estratégia semelhante de uso de dados e aprendizado interno — ele chama de controle — antes da compra nos veículos de mídia.

> *"Descobrimos que estávamos expondo uma marca como a Tide em algumas residências 22 vezes por mês," disse Pritchard. "Agora conseguimos aumentar a precisão, reduzir gastos desnecessários e reinvestir em mídias de melhor performance."*

Marc ainda chama a atenção para o conceito de "jardins murados" ou *walled gardens*, dos veículos e redes que detêm os dados dos consumidores, mas dão pouca visibilidade às marcas, fazendo com que, muitas vezes, gastem em excesso.

---

1 https://www.cnbc.com/2019/10/04/pg-brand-chief-says-at-ana-that-walled-gardens-are-here-to-stay.html

2 https://braziljournal.com/marketing-da-pg-cria-seu-proprio-banco-de-dados

Figura 15: os dados ou o conhecimento são o novo petróleo?

O novo normal

Expressão mais usada durante a pandemia da Covid-19, "o novo normal" fala sobre a nova forma de ser mais digital, trabalhar de casa, comprar online, fazer reuniões remotas e até festas de aniversário pelo Zoom. Uma das músicas que mais vi serem interpretadas nessa época foi "Times Like These", do Foo Fighters, cujo refrão repete diversas vezes que "Em tempos assim, você aprende a viver de novo".

Histórias sobre a música citam Dave Grohl (vocalista da banda e autor da letra) em uma encruzilhada sobre o futuro da banda. Embora ele diga que "estou dividido... não sei se fico ou se saio correndo", ele se mostra confiante em um futuro ainda mais forte.

É assim que vejo nosso marketing hoje. Em um momento crítico, que, próximo da revolução com a inteligência artificial, será maior e ainda mais forte.

TESTE!
O quanto elevado à IA é seu marketing?
(1- fazemos pouco até 4- fazemos muito)

1( ) 2( ) 3( ) 4( )   Procuramos correlações e predições para personalizar experiências

1( ) 2( ) 3( ) 4( )   Comportamento passado explica comportamento futuro

1( ) 2( ) 3( ) 4( )   Lançamos projetos-piloto com frequência, para depois escalar

1( ) 2( ) 3( ) 4( )   Temos times multidisciplinares incluindo estatísticos e cientistas de dados

1( ) 2( ) 3( ) 4( )   Personalizamos experiências no site, app e e-mail com base em propensão

Agora é só somar e marcar sua posição na régua (entre 0 e 20)

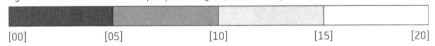

[00]   [05]   [10]   [15]   [20]
O teste completo pode ser encontrado no final deste livro ou no site www.marketing-ia.com

CAPÍTULO 6:

Como a IA cria valor para as empresas e para a sociedade

O marketing do bem, fazendo um mundo melhor

> *"O algoritmo vai te conhecer melhor do que você mesmo"*
>
> **Yuval Noah Harari** – autor de Sapiens e Homo Deus

DEPOIS DE APRESENTAR IA SOB AS ÓTICAS DO CARRO AUTÔNOMO E DO SEXTO sentido no capítulo anterior, vou aprofundar com o que aprendi com um experiente professor que me disse que:

"IA nada mais é do que a união da ESTATÍSTICA com a COMPUTAÇÃO. Você poderá, por exemplo, capturar milhões de dados e transformá-los em cálculos de propensão rapidamente."

Um exemplo é citado por Yuval Noah Harari, em artigo no *Financial Times*, "The World after the Coronavirus", no qual cita a China. Lá, câmeras de segurança fazem o reconhecimento facial das pessoas nas ruas. Esses dados são cruzados com o comportamento das pessoas no celular (exemplo: localização) e, por fim, com os dados de saúde (exemplo: temperatura corporal) que as pessoas são obrigadas a colocar no sistema. Assim, o governo procura predizer se uma pessoa está doente antes mesmo de ela manifestar sintomas ou pode sugerir locais da cidade para você evitar. Essa inteligência pode ser representada em nosso diagrama conforme Figura 16.

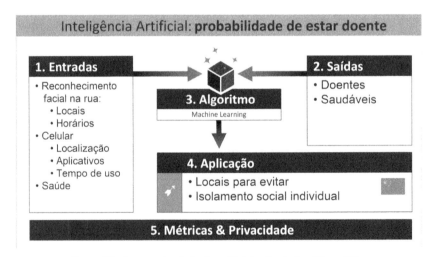

Figura 16: diagrama inteligência artificial aplicada à política pública

À primeira vista, parece um ótimo serviço — eles conseguem pedir (nesse caso, obrigar) que determinadas pessoas fiquem em casa. Nem vertical nem horizontal, é isolamento um a um. Eles tentam até prever quem serão os próximos doentes (exemplo: o taxista que te levou para casa na semana passada etc.).

Escolhas

Harari chama isso de escolha entre vigilância totalitarista e empoderamento do cidadão. Mas podemos chamar de liberdade. Até onde vai nossa liberdade em favor do coletivo?

Imagine receber uma mensagem do governo mandando você ficar em casa no dia do seu aniversário, tendo de cancelar sua festa, sendo que você não apresenta nenhum sintoma, "só porque o governo quer". Você cancelaria? Dá para confiar na idoneidade do governo quando ele faz essa sugestão? E se ele tiver outros interesses?

Harari diz que "os algoritmos vão saber mais da sua vida do que você mesmo". E concordo 100%. Como vimos, poderão saber que você está adoecendo antes mesmo de você.

Quando dispositivos móveis de IoT (Internet das Coisas) se conectam, como os relógios inteligentes (smartwatches), os modelos preditivos citados ficam ainda melhores. E se o governo obrigar toda a população a usá-los? Ele poderá saber se você gostou do presidente falando em rede nacional só pelo monitoramento dos seus sinais vitais.

Seguindo a mesma linha, as marcas poderão saber a reação que suas propagandas criam nas pessoas quando um comercial está no ar! Ou então saber qual comercial faz as pessoas entrarem no site, clicar ou comprar algo. Mas e a nossa liberdade de sentir sem compartilhar?

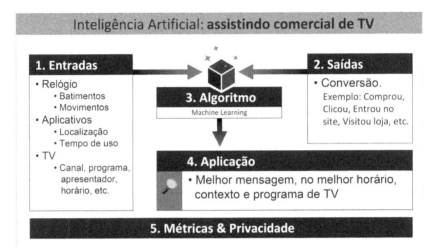

Figura 17: diagrama de inteligência artificial aplicada a marcas anunciando em TV

Harari acredita que a IA vai nos libertar de processos repetitivos e burocráticos, ao mesmo tempo em que valoriza a criatividade das pessoas.

Eu gosto de ir além e pensar que a IA pode ajudar a retirar uma camada de experiências ineficientes das nossas vidas. Tem tanta coisa que não faz sentido e nos consome horas e horas. Startups adoram esse tema e eu gosto do exemplo do aplicativo:

> Imagine que uma pessoa tentou três vezes fazer uma operação no aplicativo do banco e não conseguiu. É domingo. Em seguida, ela liga no banco e adivinha? O banco pede as senhas, o número da conta e passa por três atendentes antes de dar uma solução.

Se tivesse aplicado o mínimo de tecnologia (e bem pouquinho de IA), não precisaria pedir todos os dados e gastar minutos preciosos dos operadores e do sistema de call center. Bastava reconhecer o número do telefone, cruzar com o dono da conta, aplicar regras de antifraude e não perguntar nada sigiloso — afinal, a pessoa não queria saber o saldo, ela só não sabia que deveria clicar no botão "x" em vez de no botão "y". Pronto, aqui todos ganham vários minutos de vida.

Esse é só um exemplo de como a IA pode melhorar a experiência das pessoas/consumidores e o quanto isso pode reduzir ineficiências, além de dar tempo e dinheiro para as pessoas.

A IA pode nos ajudar a ter melhores experiências ao mesmo tempo em que **pode fazer uma sociedade melhor.** Bancos podem aconselhar clientes com alta probabilidade de se tornarem devedores a mudarem seus hábitos financeiros antes desse fato. Assim, em vez de esperar para vender empréstimos a juros altos, o banco do futuro vai se antecipar e aconselhar o cliente.

Isso é muito simples de fazer: basta usar entradas diversas, como as informações da conta corrente, até, por exemplo, frequência com que as pessoas abrem o aplicativo, a forma como seguram o telefone, o tempo de uso, as páginas acessadas no site, as ligações no call center etc. As saídas são pessoas que se tornaram e não se tornaram devedoras.

Por meio do reconhecimento facial dos clientes que entram em uma loja, a IA pode enviar uma mensagem ao vendedor sugerindo uma determinada abordagem ou produto de acordo com a propensão. Dependendo de como for utilizada, a técnica pode ser amigável para o consumidor, ao mesmo tempo em que é excelente para o vendedor. É uma ação de origem "digital" ajudando vendedores de lojas físicas a vender mais e bater suas metas.

Montadoras podem utilizar o reconhecimento de voz para, em conjunto com mínimos comportamentos físicos do motorista enquanto ele dirige, saber se ele está com sono e avisá-lo — ou a seus familiares ou à sua empresa, que esperam que ele faça esse trajeto à noite.

Bancos, seguradoras, vendedores de carros e tantos outros negócios também podem ser diferentes daqui para a frente. Em comum, esses negócios exemplificam problemas tratados em Economia por **assimetria de informações** e **incentivos.** Um gerente de banco normalmente recomenda o melhor investimento para a vida do cliente ou aquele que lhe dará a melhor comissão? O vendedor de carros que ganha comissão maior se o cliente faz uma compra financiada versus uma compra à vista vai incentivar o endividamento do seu cliente?

Quem nunca se sentiu enganado ao sair de uma concessionária quando deixou seu carro para a revisão, com aquela sensação de que trocou mais peças ou fez mais serviços do que deveria, porque não entende do assunto que, teoricamente, o vendedor de carros entende?

A verdade é que não existe outra escolha para as empresas que não seja mudar e **focar no que é melhor para o consumidor**. Isso porque, com a internet, um cliente pode fazer simulações e em poucos comentários descobrir a verdade sobre aquela recomendação que recebeu. Ao mesmo tempo, com modelos preditivos melhores, as empresas podem oferecer melhores produtos sem precisar empurrar à força o que não é ideal apenas para bater suas metas.

Ideias como essas passam, impreterivelmente, pela coleta e uso dos dados.

Privacidade

Eu compartilharia minha localização com a montadora do meu carro para que ela avisasse minha família em caso de colisão. Mas eu não compartilharia esse mesmo dado com essa mesma marca para que ela possa me mandar ofertas quando me aproximo de uma concessionária.

O mesmo dado pode ser sensível ou não, dependendo da situação, da empresa e da pessoa.

O profissional de marketing tem de ter a sensibilidade, além da obrigação legal, de saber o que capturar, para qual fim, quando e como. São as duas implicações para os profissionais de marketing: ética e prática; ou, em outros termos, pelo amor ou pela dor.

Começando pela ética, a sociedade do futuro depende das nossas ações do presente. Profissionais de marketing, ciência de dados, tecnologia e estatística estão cada vez mais expostos às multidões de dados, que podem ser cada vez mais íntimos, confidenciais e pessoais, compartilháveis ou não.

Não existe mais o "vamos coletar tudo e depois ver o que fazemos", não só pelo custo, como também pelo cuidado e responsabilidade com esses dados. Hoje se trata de uma missão crítica nas empresas. Coletar conforme há engajamento do consumidor ao longo de sua jornada é essencial para uma melhor experiência de todos.

Em 1999, no livro *Marketing de Permissão*, Seth Godin defendia uma via de mão dupla, onde as pessoas dão permissão para uso dos seus dados de acordo com o serviço que recebem em troca. Essa é uma troca que acontece com o tempo. As empresas precisam ter a capacidade de enriquecer essas permissões (ou removê-las) de acordo com as interações, aceites e negações dos consumidores.

Pela dor, existem leis em construção, aperfeiçoamento e/ou implementação no mundo todo. Começando pelo Regulamento Geral sobre a Proteção de Dados (GDPR, na sigla em inglês), na Europa, até a Lei Geral de Proteção de Dados (LGPD) no Brasil. Com o poder de leis, elas podem condenar empresas a pagar — caso infrinjam a lei — até 2% do faturamento, limitadas a 50 milhões de reais, no caso da LGPD, no dia em que eu escrevi esse texto. O profissional de marketing não pode ignorar esse risco no seu trabalho.

Segundo a consultoria Gartner, em estudo realizado em 2019, **até 2023 um terço dos desastres em reputação de marca deve acontecer como resultado de falhas em ética de dados**. Isso não pode ser um impeditivo para usar dados, mas sim usá-los com respeito e seguindo a lei.

Um exemplo aconteceu com o Facebook, quando, tentando conferir se o algoritmo que transcrevia palavras em texto estava fazendo um bom trabalho, decidiram criar um grupo de controle às avessas: deixaram alguns funcionários escutarem conversas para saber se a transcrição estava correta. A empresa foi multada e esse foi mais um dos casos de desastre no uso de dados.

As leis tratam de diversos tópicos: dados anônimos e identificados, *opt-in* (autorização expressa do usuário), limitações a terceiros, hospedagem, uso, tempo, acesso dos consumidores, dentre outros. Existem centenas de livros e consultorias que podem ajudar empresas de todos os tamanhos no mercado.

Eu não quero que você desista de usar dados com medo das previsões da Gartner, mas quero que se lembre sempre do respeito às leis e da nossa missão de fazer não só um marketing melhor, mas também uma sociedade melhor. Nas histórias a seguir você conhecerá bons exemplos de uso dos dados em modelos de IA fazendo o marketing, os negócios, as pessoas, os profissionais e o mundo melhores.

TESTE!
O quanto elevado à IA é seu marketing?

(1- fazemos pouco até 4- fazemos muito)

1( ) 2( ) 3( ) 4( )   Coletamos dados aos poucos, conforme entregamos experiências
1( ) 2( ) 3( ) 4( )   Não compartilhamos dados identificáveis com veículos de mídia
1( ) 2( ) 3( ) 4( )   Aconselhamos consumidores sugerindo o que é melhor para eles
1( ) 2( ) 3( ) 4( )   Respeitamos totalmente a privacidade dos usuários e as leis
1( ) 2( ) 3( ) 4( )   O melhor para as pessoas está sempre em primeiro lugar

Agora é só somar e marcar sua posição na régua (entre 0 e 20)

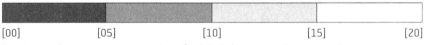

[00]   [05]   [10]   [15]   [20]

O teste completo pode ser encontrado no final deste livro ou no site www.marketing-ia.com

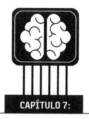

CAPÍTULO 7:

A inteligência por trás do artificial

Como são feitos os cálculos do marketing preditivo

> *" O futuro do passado é o futuro do futuro"*
> **Devavrat Shah** – Professor e diretor de estatística e ciência de dados do MIT

S OU PUBLICITÁRIO DE FORMAÇÃO E TRABALHO HÁ MAIS DE 20 ANOS COM marketing digital. Comecei como web designer em 1996 e depois fui gestor de atendimento de agências digitais de propaganda. Estudei na FGV, no INSEAD e no MIT, até que entrei de cabeça no mundo das plataformas de tecnologia na Adobe. Não sou formado em exatas e não sou engenheiro.

Fui aprendendo sobre esse mundo aos poucos, até que, no MBA do MIT, em 2015, dei de cara com os livros de estatística. Foi amor à primeira vista. Probabilidade foi um assunto que me encantou logo de cara. Péssimo aluno de matemática na escola, de repente eu me vi lendo livros e assistindo a vídeos sobre o tema. Não virei professor do assunto e muito menos fiquei bom em matemática. Vou até onde preciso para conversar com os estatísticos e cientistas de dados, não para fazer o trabalho deles.

Figura 18: desmistificando IA

Conto minha história por alguns motivos:

▶ **Curiosidade**: aqui você aprenderá sobre estatística e probabilidade sob a perspectiva de um novato no assunto. Isso é bom, pois não vou te encher de regras que você não vai usar nem vou pedir para fazer contas de cabeça. Aliás, conforme veremos à frente, cada pessoa faz de um jeito e o importante é entender o porquê das coisas. Como novato no assunto, fiz centenas de perguntas "por que isso ou aquilo" antes de escrever o livro.

▶ **Foco**: não sou professor de estatística e não vou ensinar a matéria completa aqui. Existem outros livros para isso. O que fiz foi um resumo do que considero parte da estatística que se aplica no marketing elevado à IA. Estes capítulos não vão substituir livros de estatística e ciência de dados, pois acredito que essa tarefa é de alguém que você vai contratar, coordenar ou trabalhar em conjunto. Aqui você aprenderá o que precisa para **tomar decisões de negócio**.

▶ **Criatividade**: quando finalmente entendemos uma coisa que anteriormente parecia difícil a partir de uma linguagem fácil, abre-se uma avenida de criatividade no nosso cérebro e começamos a aplicar aquele aprendizado em diversas situações. Tenho certeza de que depois de ler as histórias da seguradora digital e do varejista nos capítulos anteriores sua mente já pensou em diversas formas de fazer isso no seu trabalho. A seguir, novos conhecimentos e histórias vão te ajudar a abrir mais possibilidades na sua mente. Se criatividade nada mais é que juntar coisas diferentes e conhecidas em coisas novas, seu cérebro — se já o não fez — fará isso aqui.

▶ **Esperança**: existe um lugar ao sol para quem não gosta de matemática, mas gosta de brincar com números, como eu. Hoje, com o Excel na minha frente, vejo quanto tempo perdi aprendendo a fazer contas à mão que não me serviram para nada — afinal, sou muito mais eficiente com o computador. Neste livro vou usar o Excel e seus plugins para você jogar o lápis e a borracha no lixo.

Como vimos nos dois capítulos anteriores, o aprendizado ocorre a partir das comparações de dados, **entradas** e **saídas**. Fazemos correlações para predizer o futuro e então agir, seja mudando a experiência do consumidor ou a estratégia de marketing. Essa é a linguagem simplificada que vamos usar aqui.

Vou simplificar, sim, porque — mais uma vez — não vou formá-lo em estatística ou ciência de dados, mas te ajudar a **pensar e a tomar decisões de marketing com base nesse conhecimento**, fugindo da mesmice dos macacos e o pensamento antigo do funil. Os termos técnicos que usarei aqui são apenas para ajudar na sua conversa com o cientista de dados.

Quanto mais você ler, ouvir e praticar, melhor será para criar os hábitos de questionar aquelas informações e relatórios que sempre recebe. E passará a buscar sempre correlacionar dados e ser criativo a partir deles.

O mais importante é sempre ter em mente as **comparações para criar regras com o objetivo de se antecipar aos desejos dos consumidores e/ou decidir sobre suas ações de marketing.** Isso é feito em cima de dados históricos, chamados de **dados de treinamento**, até que sejam lançados os algoritmos para receber os dados do dia a dia (de uso) em aplicações e softwares, onde aprendizados e melhorias constantes não param.

Para educar a máquina, nós precisamos ensiná-la o que fazemos, o que observamos e o que decidimos. Desde observações conscientes até inconscientes, todas as entradas e suas saídas desejadas são importantes. Precisamos apresentar para a máquina todos os nossos estímulos, decisões e ações para ela observar. Assim como contei sobre a criança aprendendo a falar, a máquina também fará seus entendimentos de padrões e rodará muitos testes até construir seus algoritmos e nos entregar inteligência.

Para começar, o que você deseja fazer hoje?

Enquanto se monta uma estratégia de marketing — e antes de conversar com um cientista de dados — é importante ter em mente pelo menos um dos três objetivos a seguir:

A INTELIGÊNCIA POR TRÁS DO ARTIFICIAL — 101

A) Prever as chances (%) de algo acontecer

Exemplo: descobrir a propensão de uma pessoa a comprar um produto ou serviço;

B) Prever o quanto ($, X) de algo

Exemplo: estimar quanto a empresa vende (em reais) se investir apenas em TV e YouTube;

C) Identificar indivíduos semelhantes (agrupar)

Exemplo: oferecer uma lista de "quem comprou isso compra aquilo" no e-commerce.

Ao mesmo tempo em que penso nos três cenários acima, é importante saber o que quero fazer com isso, ou seja, quais decisões de negócio eu gostaria de tomar a partir dos dados. Ainda seguindo a ordem acima, os exemplos seriam:

A) A partir da propensão a comprar um produto usando um determinado canal, a empresa pode melhor direcionar meus esforços. Por exemplo: o call center pode não ligar para pessoas com alta propensão a comprar no site. Esse foi o caso da seguradora que queria reduzir seu custo de aquisição. Podemos também sofisticar essa estratégia na compra de mídia, apresentando banners nas redes sociais apenas para pessoas com alta propensão a comprar no site, o que representaria uma redução na compra total de mídia.

Essa é uma forma de inovar sendo preditivo, saindo da tradicional segmentação por demografia (homens de 50 anos) e usando melhor os dados. É uma forma de usar o seu petróleo (seus dados) em vez de depender apenas dos dados fornecidos pelos vendedores de mídia (portais, redes sociais e mídia programática).

B) Descobrir a melhor combinação de investimento em meios (TV, YouTube, rádio etc.) para um determinado objetivo de vendas (em R$) da empresa, investindo na combinação que vale mais a pena. Em muitas empresas isso ganha o nome de *media mix modeling*. Em casos mais sofisticados, é possível incluir o impacto de outras experiências, como a interação no call center, nas lojas, no site ou no **chatbot**. Isso faz o MMM ganhar status de *marketing mix modeling*.

C) A partir da identificação de indivíduos compradores de produto semelhantes, é possível criar não só um destaque no site ("quem compra isso compra aquilo"), mas também uma sequência de e-mails personalizados. Neles é possível sugerir aos consumidores os produtos de maior propensão, que ao mesmo tempo são de melhor margem para a empresa. Outro estímulo pode ser, por exemplo, a reserva de produtos em uma pré-venda de uma coleção de calçados, aumentando tanto o ticket médio quanto a recorrência de compras. Isso é bem diferente da empresa que toda semana tenta me vender aquela sandália que não cabe no meu pé ou a mesma sandália que já comprei.

Você deve ter percebido que todos os exemplos acima citam **objetivos de negócio**, metas e problemas a serem resolvidos. Falei sobre redução de custo de aquisição, otimização de mídia, conversão no e-commerce, mas existem muitos outros objetivos. O que não falta no mundo são problemas para resolver — e, portanto, oportunidades de negócio.

É assim que devemos usar os dados: para resolver problemas. O custo de aquisição de clientes está alto? A rotatividade de clientes está crescendo? O custo de mídia está muito elevado? Então vamos ver o que os dados podem fazer pela nossa empresa: entender o que está acontecendo para, então, mudar, adaptar, prever e agir.

Nos exemplos A e B existem informações prévias de entradas e saídas para nossa análise, ou seja, dados históricos tanto dos atributos (também chamados de traços) até o resultado final (comprou, não compra ou valor em reais). Para resolvê-los utilizamos **métodos supervisionados**. Já para os agrupamentos por

A INTELIGÊNCIA POR TRÁS DO ARTIFICIAL **103**

similaridade (C) normalmente são utilizados **métodos não supervisionados**[1], pois não temos informação da saída (também chamada de objetivo ou variável resposta). Esse parágrafo pode ser útil quando você estiver conversando com um cientista de dados ou estatístico e quiser ser entendido rapidamente.

Para matar sua curiosidade, já que somos profissionais de marketing, essas classificações (supervisionado e não supervisionado) vieram da ideia de que, nas aulas, o professor pede para os alunos fazerem os exercícios, sendo que o professor tem as respostas. É uma espécie de supervisão, daí o nome. Os exemplos do varejista e da seguradora que vimos anteriormente são supervisionados porque nós temos dados históricos das saídas: na seguradora temos "comprou 100% digital/não comprou 100% digital" e no varejista "comprou/não comprou cobertor".

Classificação e regressão são formas comuns dentro dos **métodos supervisionados** e serão utilizadas para explicar A e B nos dois capítulos a seguir. Os **métodos não supervisionados** serão apresentados no capítulo posterior. Esses encontram similaridades entre grupos como "clientes que naturalmente se encaixam em grupos diferentes"; ou, na forma mais simples de recomendação, muito utilizada no e-commerce: "quem compra F também compra G". Um lugar comum de se encontrar esse tipo de agrupamento é também nas DMPs (*Data Management Platforms*) em modelos *look-alike*, que vamos detalhar.

Saber se o seu desafio de negócio tende a ser resolvido pelo caminho A (as chances de um evento), B (o quanto de uma coisa) ou C (indivíduos semelhantes), bem como os dados de entrada e saída que você tem, ajudam a pensar na estratégia a seguir. Mas o mais importante para sua decisão de negócio é saber que não há um modelo perfeito a ser adotado antes de começar. A recomendação é que se executem diferentes modelos em paralelo, com os mesmos dados de treinamento e, depois, com dados reais, até que seja escolhido aquele que traz maior retorno financeiro para a empresa.

---

1   https://www.forbes.com/sites/forbesagencycouncil/2020/06/12/machine-learning-vs-predictive-analytics-which-is-better-for-business/#157912f64b5e

O mesmo problema de negócio (por exemplo, cancelamento de assinatura) pode ser resolvido usando diferentes modelos estatísticos. Vou ilustrar com o modelo que considero mais apropriado, para facilitar o aprendizado.

TESTE!
O quanto elevado à IA é seu marketing?

(1- fazemos pouco até 4- fazemos muito)

1( ) 2( ) 3( ) 4( ) Usamos propensão em diversos canais ao mesmo tempo (site, call center...)

1( ) 2( ) 3( ) 4( ) Baseamo-nos em media mix modeling para planejar a compra de mídia

1( ) 2( ) 3( ) 4( ) Já substituímos a segmentação demográfica por audiências com propensão

1( ) 2( ) 3( ) 4( ) Elencamos consumidores de acordo com o CLV

1( ) 2( ) 3( ) 4( ) Nossas ações seguem propensões como as de aquisição e cancelamento

Agora é só somar e marcar sua posição na régua (entre 0 e 20)

[00]   [05]   [10]   [15]   [20]

O teste completo pode ser encontrado no final deste livro ou no site www.marketing-ia.com

CAPÍTULO 7A:

As chances de cancelamento em serviços de assinatura

Como prever e agir em uma operadora de celular

 A teoria das probabilidades nada mais é do que bom senso confirmado por cálculos."
La Place – Matemático, astrônomo e físico francês – 1796

A S CHANCES DE VOCÊ LER ESSE LIVRO ATÉ O FIM E AINDA FAZER UMA ÓTIMA avaliação na loja onde comprou são possíveis de serem previstas a partir de entradas, como o tempo entre você ter comprado e começado a ler, o local onde lê, o horário, quanto pagou, quem recomendou, a cor da capa, o autor, a quantidade de livros que você leu até o final, deste ou de outro tema etc. Se cruzar todos esses dados com duas saídas (binárias) "leu até o fim" ou "não leu até o fim"; ou, ainda, "deu nota alta" e "deu nota baixa"; podemos, sim, prever que você tem 92% de probabilidade de ler este livro até o final e 100% de chances de dar uma ótima nota na loja! Oba!

Outros exemplos de aplicação de probabilidade (%) em marketing:

▶ As chances de alguém comprar o produto F se assistir à propaganda X;

▶ As chances de uma pessoa comprar os produtos F, G ou H se receber o estímulo Z;

▶ As chances de um consumidor cancelar um serviço após X dias da contratação;

▶ As chances de alguém que acabou de conhecer seu novo produto se cadastrar ou comprar;

▶ As chances de um novo visitante comprar algo no seu site.

Numa primeira fase, vamos classificar as pessoas (usuários, visitantes, clientes, funcionários, corretores, taxistas etc.) de acordo com a sua propensão (as chances de). Graças à nossa criatividade e bom entendimento dos problemas de negócio, porém, podemos ir além e decidir agir, por exemplo, de acordo com a combinação entre a propensão e o potencial de receita que aquelas pessoas podem trazer para a empresa.

Esse tipo de entendimento do que queremos fazer como ação de marketing é essencial, já que nossa ação posterior pode ter um custo. O custo desse esforço deve valer a pena quando comparado com o benefício financeiro de redução dos cancelamentos. Felizmente, quando se trata de uma interação digital, como trocar a cor de um botão, texto ou imagem, o custo é praticamente zero e, por isso, podemos personalizar livremente. Se a decisão for por ligação telefônica ou envio de mala direta, porém, o custo deve ser considerado versus a expectativa de retorno dessa ação.

Como nunca vi marketing com verba infinita, prefiro exemplificar com o caso da seleção de pessoas de acordo com o valor delas para a companhia, decidindo, assim, quem receberá o brinde para evitar o cancelamento. Criaremos uma lista onde são elencados de consumidores mais propensos até os menos propensos. Esse fator, multiplicado pelo CLV (Customer Lifetime Value — valor do consumidor com o tempo), nos dá uma lista de pessoas para mandar ou não mandar a mala direta ou fazer uma ligação.

Churn

Essa palavra tão pequena e importante, principalmente em serviços de assinatura recorrente como telefonia, *streaming*, assinaturas de jornais, revistas, dentre outros, pode ser o pesadelo de muita gente. O churn representa a desistência, ou seja, pessoas que cancelaram o serviço. Elas podem, por exemplo, ter ido para o seu concorrente. Isso é grave porque diversos estudos de marketing apontam para a lógica de que é mais barato reter um cliente do que atrair novos, ou seja, quanto maior o churn, mais furado está o seu balde e mais esforço exigirá na atração (normalmente em compra de mídia) para manter o crescimento da empresa, um crescimento caro, que nem sempre vale a pena.

De acordo com estudo da Bain and Co[1], um aumento de 5% na retenção de clientes pode aumentar a lucratividade em até 75%. Enquanto isso, a consultoria Gartner[2] prega que 80% das receitas futuras das empresas virão de 20% dos consumidores existentes[3].

---

1   https://hbswk.hbs.edu/archive/the-economics-of-e-loyalty
2   https://www.forbes.com/sites/gartnergroup/#ebc9166deb83
3   https://www.forbes.com/sites/alexlawrence/2012/11/01/
     five-customer-retention-tips-for-entrepreneurs/#60cf1cfb5e8d

O churn é a porcentagem de consumidores que pararam de usar um serviço em um determinado período. Ele costuma ser calculado em uma "taxa de rotatividade", cuja equação é: pessoas que cancelaram o seu produto ou serviço em um período (normalmente mês) dividido pelo total de pessoas que pagavam pelo seu produto no início do mesmo período.

$$\text{Taxa de rotatividade (churn)} = \frac{\text{Pessoas que cancelam o produto (ou serviço) em um período (normalmente um mês)}}{\text{Total de pessoas que pagavam pelo seu produto no início do mesmo período}}$$

Figura 19: equação do churn

Para começar, ninguém acorda, do nada, pensando pela primeira vez: "Vou ligar na operadora de celular para cancelar meu plano". A verdade é que essa decisão passa por uma série de outras experiências conscientes e inconscientes. Existe um processo de construção da insatisfação que passa por interações, que vão desde ligações no call center, uso do serviço e tempo de relacionamento até valor da conta, dentre outros. Com inteligência artificial via engenharia reversa encontraremos regras e probabilidades para identificar o mais cedo possível essa propensão e agir para evitá-la quando necessário.

Iniciando nosso modelo, temos de entender que cada cliente possui uma série de atributos (ou traços, ou variáveis). Estes podem ser idade, cidade e valor da conta telefônica até acionamentos no call center, tipo de serviço que utiliza, com qual frequência etc. Em um enorme banco de dados, cada cliente é uma linha e os atributos são colunas.

Normalmente dentro das empresas há diferentes bancos de dados, cada um com seus dados: **transacionais,** dentro das compras no e-commerce; de **relacionamento e pessoais** no CRM etc. O primeiro passo (e dá bastante trabalho) é o de colocar tudo isso para conversar. A ideia é simples, mas a dedicação é sem fim. Muitos cientistas de dados me disseram que, infelizmente, essa etapa chega a consumir de 1/3 até metade do dia a dia deles. O Fernando do banco de dados tem de ser o mesmo Fernando do site, do CRM e do e-commerce. O problema é que em um cadastro o consumidor colocou um e-mail, na loja passou um e-mail diferente e numa terceira interação deixou o endereço errado.

Um termo que você vai ouvir diversas vezes é **ETL** (em inglês: *Extraction, Transformation and Load*), que significa extração, transformação e carga, três etapas para a integração e centralização dos dados. É nessa hora que os dados brutos são transformados em informação relevante e confiável.

No momento do ETL são extraídos e adaptados dados de diversas origens (mídia, internet, loja ou um banco de dados qualquer) para a utilização pela empresa. Dados são transformados em informações a partir da aplicação de análises e algoritmos. De volta para outra frase do Kendji, que dirige a área de dados da Via Varejo e vê isso no dia a dia do seu time, ele diz: "O termo 'transformação' significa 'adaptação aos propósitos da empresa'."

Isso dá muito trabalho e a participação do profissional de marketing é importante para definir o que se quer medir de acordo com os objetivos de negócio.

Fase 1: encontrando a probabilidade de cancelamento do plano

Começamos com a comparação de atributos de pessoas que cancelaram e não cancelaram o serviço, assim como no caso do compraram/não compraram cobertor na história do varejista. Cada cliente é uma linha na tabela (banco de dados) com diversos atributos. Um deles é o cancelamento, que chamamos de objetivo Y, pois é o que queremos prever a seguir.

	Atributo X_1	Atributo X_2	Atributo X_3	Atributo X_4	Atributo X_5	**Objetivo Y**
Cliente	Gasto mensal	Acessou planos no site	Ligou no call center no último mês (em vezes)	Cliente faz quantos anos	Assina também o produto TV	**Cancelou o plano celular**
Rubens	R$ 331	65	1	2	não	**sim**
Maria Inês	R$ 310	54	0	4	não	**sim**
Júlia	R$ 195	48	2	3	sim	**não**
Manuela	R$ 144	32	0	1	sim	**não**
Felipe	R$ 220	28	2	2	sim	**sim**
Fernando	R$ 450	40	1	6	não	**não**

Na tabela acima, todos os clientes são assinantes do produto linha de telefone celular, por isso essa coluna não aparece — o que queremos prever é justamente a chance de cancelarem esse serviço. Os atributos que escolhemos para este exercício são: possuir ao mesmo tempo a assinatura de TV a cabo, acesso ao site na página de planos, gasto mensal, tempo de relacionamento (anos como assinante da linha telefônica) e se fez ligações recentemente no call center. Centenas de outros possíveis atributos como cidade, estado civil, tipo de plano (familiar, econômico, empresa...), bem como as interações com a empresa (entrou no site no último mês, clicou em ver fatura, procurou por planos ou aparelhos etc.) são utilizados em modelos hoje em dia.

É aí que entra novamente a capacidade computacional e os softwares para juntar tudo o mais próximo possível do "tempo real", ou seja, retornando o mais rapidamente possível para o consumidor, já que ele rapidamente pode cancelar e trocar de operadora após uma dessas últimas interações. Um exemplo grosseiro é o do número da loteria: se eu te contar hoje o número que será sorteado no próximo sábado você com certeza fará bom uso disso, porém se eu te contar no domingo o número que foi sorteado na véspera, certamente o valor do dado já não é o mesmo.

A escolha dos melhores atributos

Na realidade, as empresas de telefonia possuem muito mais dados do que nossa planilha resumida anteriormente. Se você juntar dados do CRM a dados de pagamento e navegação no site, terá uma planilha com centenas de colunas. Como escolher os melhores atributos, os que mais impactam no nosso negócio? Existe um critério chamado de *ganho de informação*, baseado em uma medida de pureza chamada *entropia*. Para saber mais, existem diversos livros de estatística para isso. Recomendo o *Data Science para Negócios*, de Foster Provost. Considerando que este é um livro de marketing, seguimos.

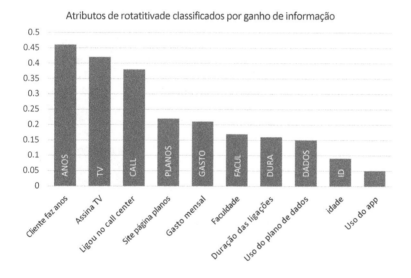

Figura 20: atributos conforme ganho de informação.

O ganho de informação nos dará uma classificação dos atributos de acordo com a entropia, conforme exemplo na Figura 20.

A partir daí, você pode fazer as contas na mão ou contar com uma série de softwares para construção de algoritmos que façam sentido para o seu negócio. No Excel você pode usar o solver ou encontrar algoritmos prontos no GitHub para R, Power BI, dentre outros. O resultado será mais ou menos assim:

INTELIGÊNCIA ARTIFICIAL EM MARKETING E VENDAS

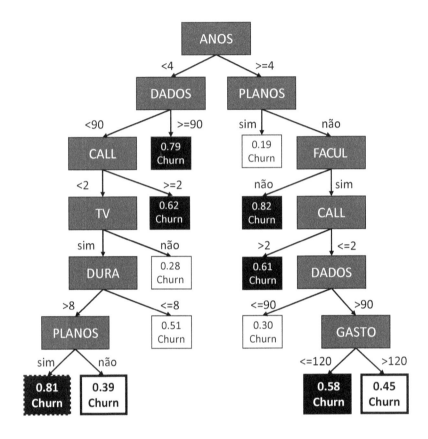

Figura 21: árvore de decisão, exemplo Telecom

Interpretando a árvore de decisão da Figura 21:

- ▶ Explicando a partir da caixa preta de contorno pontilhado (que está do lado esquerdo, abaixo), onde diz "0.81 churn", o significado é que: **existe uma probabilidade de cancelamento (churn) de 81% nos clientes** com menos de [4] anos de relacionamento, que consomem menos de [90] MB de dados, que ligaram no call center mais de [2] vezes no último mês, que [sim] assinam também a TV, cuja duração telefônica média é menor de [8] minutos e que [sim] navegaram nas páginas de planos no site da empresa.

▶ Esse é só um exemplo e você poderá desenhar diversos usos e ter muitas ideias para descobrir quem é mais propenso a converter ou cancelar utilizando essa visualização. É só seguir os nós (como fiz) para entender os atributos mais importantes para os seus objetivos. Nesse exercício restringi apenas a algumas variáveis, mas em árvores maiores quem manda é a criatividade de ver, interpretar e agir testando intervenções, como, por exemplo: o que acontece no nó 05 quando essas pessoas recebem uma mala direta? Ou uma ligação? Todas essas ideias são "novos nós" para aplicar, testar e aprender.

Você deve ter reparado que, embora os primeiros atributos em ganho de informação são anos, TV e Call Center, a árvore começa com anos, dados e planos. Isso porque no gráfico de barras as variáveis são elencadas de acordo com o quão boas são de forma independente, ou seja, separadas de toda a população. Já na árvore, é o conjunto que fará toda a diferença diante da sua capacidade de escolher atributos que diminuem a complexidade conforme as ramificações acontecem de cima para baixo.

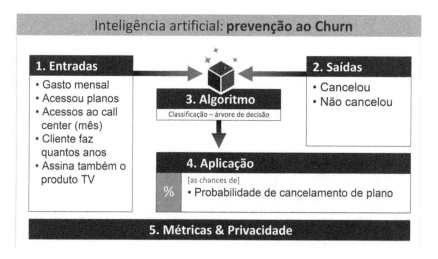

Figura 22: churn, representado no diagrama de marketing elevado à IA

Acurácia da árvore de decisão

Nossa árvore foi criada a partir de dados históricos (chamados de dados de treinamento), onde comparamos entradas e saídas. Agora é hora de ver se o que criamos é bom de verdade. Para tanto, aplicamos os dados reais — do dia a dia da empresa — à árvore e observamos o quanto ela acerta a previsão de pessoas que pedem cancelamento do serviço. Com isso, teremos a **acurácia** do modelo. O cálculo é feito com base no que acertamos e erramos, ou seja, os cancelamentos que prevíamos e acertamos somados aos não cancelamentos que prevíamos e acertamos, dividido pelo total de previsões (incluindo aquelas que erramos), conforme **Figura 23**. Isso nos dará pistas sobre o quanto podemos confiar no modelo que desenhamos.

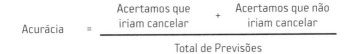

Figura 23: equação da acurácia

Precisão e recall são medidas de construção de modelo para que a acurácia possa ser mais bem avaliada e podem ser pesquisadas mais precisamente em livros de estatística.

Fase 2: ação!

Agora que cada pessoa tem uma propensão, já revisada de acordo com a acurácia e os testes com números reais, chegou a hora de agir em cima dos dados. Algumas coisas podem ser feitas:

- ▶ **Personalização**: a mensagem, seja cor, texto ou formato, pode ser alterada nos diversos pontos de contato: site, call center, banners de internet, quiosque da loja, aplicativo etc. Está aberta a temporada de testes, onde diversas ofertas, mensagens e textos são utilizados nas interações na busca pela melhor forma

AS CHANCES DE CANCELAMENTO EM SERVIÇOS DE ASSINATURA **115**

de, via ações de comunicação, reverter os casos de cancelamento. Essa técnica é muito utilizada quando existem ferramentas e plataformas de marketing já implementadas. Isso porque como tudo é digital e as ferramentas já estão "voando", o custo para a empresa personalizar a experiência em um meio digital para uma pessoa ou para centenas e milhares delas é praticamente zero.

Uma ótima história de **personalização do call center** que conheci foi o de uma companhia telefônica que cruzava o número de telefone de origem da ligação com o CLV daquele consumidor. Caso fosse um acesso de alta propensão a cancelamento e o cliente de baixo CLV, a mensagem da URA (nome do sistema que atende chamadas e pede para que você digite os números) era personalizada. Ao invés daquele início, onde o consumidor tem de colocar todos os seus dados até chegar (depois de longos minutos) a um atendente, o sistema logo perguntava: "Você deseja cancelar sua linha? Digite 1 para confirmar" e pronto! Assim, eles reduziram o custo de atender a chamada e a dor de cabeça do consumidor. Melhoraram de um lado a experiência do consumidor e, do outro, a vida do profissional de marketing.

▶ **Cross e up-sell de produtos digitais**. Produtos digitais, como assinatura de serviços de música e de revista digital, espaço de armazenamento na nuvem e velocidade de conexão, dentre outros, em muitos casos seguem a lógica anterior, se aproveitando do custo praticamente zero de fornecer esse serviço para outro consumidor.

Cross e up-sell muitas vezes podem ser chamados de "**Next Best Offer**" em conversas com empresas que fornecem tecnologia para o marketing. Isso nada mais é que encontrar a próxima melhor oferta para aquele cliente. Esse termo também intercala diversas vezes com "**Next Best Action**", quando o que se espera do consumidor não é necessariamente adquirir um produto, mas sim fazer uma determinada ação – que pode ser conhecer um conteúdo novo ou aderir a uma funcionalidade já existente de um produto.

Num caso interessante, em uma empresa de streaming **de música** nos Estados Unidos, descobriram uma correlação entre o uso das funcionalidades "amigos cadastrados" e "número de playlists criadas" com a conversão de usuários gratuitos em pagantes. Assim, foram promovidas nas propagandas internas do app, a utilização dessas funcionalidades em contextos como, por exemplo, "aproveite a chegada do novo álbum da sua banda favorita e crie sua playlist". Mensagens assim conseguiram elevar o número de ações de uso que, por sua vez, aumentaram a conversão de usuários gratuitos em pagantes do serviço.

A mesma estratégia foi utilizada para estimular o uso de funcionalidades correlacionadas à redução de churn. A quantidade de amigos ativos na plataforma, por exemplo, era um indicador de fidelidade. Dessa forma, aqueles usuários que com o passar do tempo paravam de conectar amigos na rede – indicando possível churn – eram estimulados com mensagens que reforçavam as funcionalidades incríveis de compartilhamento com amigos. Ações como essa ajudaram a reduzir o churn.

▶ **Combate à fraude**: um banco pode declinar todas as transações com mais de 81% de propensão à fraude, não é mesmo? Isso é muito fácil, porque não existe custo nessa interação. Na verdade, existe um enorme ganho, evitando calotes com essa calibragem de fraude.

▶ **Microssegmentação**: os agrupamentos de propensão podem ser combinados com a expectativa de valor do cliente para a empresa, tendo como resultado "supersegmentos". Para os grupos de alto valor e alta propensão, você pode investir mais e, por exemplo, enviar um presente (uma mala direta cara) ou fazer uma ligação, dentre outros. Esses segmentos são resultado do cruzamento do churn com CLV (o quanto se espera que essa pessoa vá gerar de receita para a empresa ao longo da sua vida com ela).

▶ **Filtro de SPAM**: é por meio do uso de árvores de decisão que os serviços de e-mail classificam as mensagens de SPAM e as movem para o lixo automaticamente. Quanto mais as pessoas acusam mensagens como SPAM (saída), melhor o algoritmo entende mensagens com atributos (entradas) semelhantes e os envia para o lixo eletrônico.

Ilusões de ótica na visão de um executivo do setor

Entrevistando um executivo de uma das maiores operadoras de telefonia celular do país, aprendi mais sobre upsell, cross-sell, churn e, o mais interessante, sobre o que ele chamou de **ilusões de ótica**: certezas de marketing baseadas no bom senso e na intuição das pessoas, que são rotineiramente desconstruídas pela análise dos dados.

Nas operadoras há majoritariamente dois grupos de clientes: pré-pago e pós-pago. Hoje, o ticket médio (valor gasto pelo consumidor mensalmente) no Brasil é de aproximadamente 12 reais no pré-pago e 50 reais no pós-pago. A participação varia de acordo com a operadora e a região, mas, em resumo, no Brasil de 2020, do total de 220 milhões de chips, metade era pós e a outra metade, pré.

Você deve imaginar o desejo de up-sell de qualquer diretor de marketing ao ver — por exemplo — metade dos seus milhões de clientes pagando 12 reais e a outra metade pagando 50 reais, principalmente considerando que a primeira metade não possui um compromisso de assinatura e é muito volátil na frequência e valor de compra.

A ilusão de ótica, baseada no bom senso, surge quando o marqueteiro tem a brilhante ideia de "incentivar o upgrade dos clientes pré-pagos que historicamente gastam acima de 30 reais por mês". Por intuição, os clientes do produto pré-pago que desembolsam 30 reais por mês poderiam tranquilamente migrar para um plano pós-pago de 40 reais por mês e ter um serviço melhor. Multiplicando os 10 reais de cada upgrade por alguns milhares de clientes e meses, a expectativa seria de alguns milhões de reais extras na receita anual da empresa.

Será que vale a pena fazer essa campanha de marketing?

Vamos supor que uma pessoa tem 10% de probabilidade de churn quando está no pré-pago e depois do upgrade para o pós-pago sua estimativa de cancelamento sobe para 30%. Valeu a pena? Como antecipar esse tipo de problema?

Todas as operadoras conhecem o desafio da migração e sentem de perto a dor dos clientes que migram e depois desistem do upgrade. Para piorar, essa desistência vem normalmente acompanhada de uma frustração com a operadora e uma migração para a concorrente.

É assim que uma ação de upgrade para pós-pago pode aumentar o churn da operadora.

Para agravar essa conta, basta incluir outras despesas além do marketing e da perda de receita: os impostos. No Brasil existe um imposto de fiscalização para cada chip móvel no país[4]. As empresas pagam um valor de aproximadamente 26 reais para cada nova ativação de chip e outros 5 reais anualmente para cada chip ativo. Isso pode significar que:

▶ Não vale a pena adquirir clientes que ficam por pouco tempo. Afinal, considerando um ticket médio de 12 reais (no pré) contra um imposto de ativação de 26 reais, o novo consumidor só começa a valer a pena após alguns meses de relacionamento;

▶ Um consumidor com um chip parado na gaveta, sem fazer recargas por 90 dias, é melhor que não seja considerado cliente na prestação de contas, reduzindo o imposto pago. Para o marqueteiro tradicional que gosta de falar que a sua operadora tem mais clientes, isso é contra intuitivo.

É por isso que a estratégia para escolher os clientes para up-sell, cross-sell ou campanhas para redução de churn devem obrigatoriamente passar por análises que incluem uma série de outros itens no modelo de propensão. Muitos desses itens não são do lado do consumidor, mas dos dados e da capacidade da operadora, como, por exemplo:

---

4   http://www.telesintese.com.br/iot-nao-acontece-no-brasil-se-taxa-do-fistel-continuar-morais/

AS CHANCES DE CANCELAMENTO EM SERVIÇOS DE ASSINATURA

▶ No endereço cadastrado, as faturas (de acordo com outros clientes semelhantes) chegam com sucesso e sem atraso?

▶ Nos endereços de uso (dia) e de descanso (onde o telefone passa a noite), existe área de sombra (falha de cobertura das antenas de telefonia)?

▶ Pessoas do mesmo perfil, em campanhas anteriores, migraram e desistiram? Quais as chances?

Fatores como esses podem ser mais importantes do que anunciar na televisão que a operadora tem a maior cobertura, tem mais antenas, a melhor velocidade, 4G, 5G etc. Argumentos adorados por marqueteiros podem ser perigosos ao incentivar a aquisição por clientes que podem cancelar e dar um prejuízo em curtíssimo prazo.

Isso reforça a importância do pensamento "de dentro para fora": quanto mais nos aprofundamos nos comportamentos e dados dos clientes e dos potenciais clientes, melhor será nossa previsão, nossa escolha de clientes e, assim, o sucesso das ações de marketing e vendas.

Potenciais clientes pós, com alta propensão de cancelamento, originados de campanhas de propaganda em meios de massa (pensamento do funil), ao chegar em uma loja ou e-commerce podem receber ofertas diferenciadas que reduzam os problemas acima ou, melhor ainda, serem **desaconselhados pelos vendedores de fazer o upgrade**! Já imaginou um vendedor recusando uma venda? Pois essa atitude pode ser melhor tanto para a operadora de celular como para o cliente.

Essa entrevista me lembrou uma pesquisa de que participei em uma montadora de veículos. Nela, descobrimos que um dos principais motivos apontados pelos consumidores na escolha de um carro novo é a "economia de combustível". O problema é que, quando se pergunta quantos quilômetros por litro um carro faz, raros são os consumidores que calcularam. As pessoas, de uma forma geral, consideram "economia" a quantidade de vezes que visitam o posto de gasolina por semana. Dessa forma, carros com maior tanque de gasolina costumam ser percebidos como mais econômicos.

Foi criado, então, um sistema bem simples, onde o vendedor, ao colocar no sistema o carro atual de cada consumidor, conseguia comparar a real economia entre veículos e assim direcionar sua oferta para o carro, de fato, mais econômico. Quando o vendedor percebia que esse fator era um divisor de águas na cabeça do cliente, ele podia até desaconselhar a troca do veículo. Essa honestidade se mostrou fator importante na fidelidade com a montadora.

Assim como na operadora de telefonia celular, a montadora também não queria fazer vendas que parecem boas no curto prazo, mas que com o tempo poderiam representar uma queda na satisfação e na fidelidade.

Random Forest

Um dos termos favoritos dos cientistas de dados é o random forest. Ele nada mais é que várias árvores de decisão em conjunto e ordenadas em cima de alta capacidade computacional, ou seja, a árvore de decisão é um algoritmo que está dentro do random forest. Essa é só mais uma dica para não ficar fora de contexto em conversas com estatísticos e cientistas de dados.

Figura 24: procurando problemas para fórmulas mágicas

CAPÍTULO 7B

"O quanto de uma coisa" Utilizando predição para otimizar a compra de mídia

*Regressão linear, custo de aquisição
e valor do cliente no tempo*

> " *Um tratamento apropriado cura um
> resfriado em sete dias, mas, se deixado
> em paz, ele vai durar uma semana.*"
> **Henry G. Felsen** – humorista americano (1916-1995)

EM MARKETING ELEVADO À IA ESTAMOS SEMPRE BUSCANDO DADOS PARA A tomada de decisões no dia a dia dos negócios. Esse processo começa pelo entendimento dos dados, passa pela suposição do que pode acontecer (predição) até que sejam tomadas decisões (automatizadas ou não) e elas sejam medidas, aperfeiçoadas e melhoradas. Elas podem ser direcionadas para mudar a experiência do consumidor e/ou mudar nossa estratégia de marketing. No exemplo a seguir, nosso foco é o profissional de marketing que será bem melhor se elevado à IA.

Uma das formas mais comuns de predição é a **regressão linear**. Com ela um CMO pode, por exemplo, **entender a relação e o impacto dos diversos canais de mídia (TV, banners, redes sociais etc.) nas vendas**. Aplicando a regressão linear nós conseguimos: 1) correlacionar; 2) estimar; e 3) tomar decisões, neste caso, a mudança nos investimentos do plano de mídia.

Por meio da regressão linear o profissional poderá matematicamente identificar quais as variáveis que, de fato, tiveram impacto nas vendas. Elas definirão quais as que importam mais e menos. E, o mais importante, o quão **confiante** somos sobre essas variáveis e a fórmula toda, para replicar e aplicar no dia a dia. A regressão sempre começa com a comparação de duas variáveis e, conforme sofisticamos até a múltipla regressão linear, agregamos novos atributos.

Por exemplo: podemos começar comparando a correlação entre a satisfação dos clientes e as vendas, o tempo de espera com a nota de um atendimento etc.

Lembrando que a escolha pela regressão linear foi nosso desejo de **estimar um determinado número**, ou seja, queremos saber quanto (em reais) esperar de vendas de acordo com uma determinada combinação entre TV, rádio e digital. Trata-se de um modo supervisionado, pois temos o histórico das campanhas anteriores, tanto dos investimentos quanto do retorno em vendas.

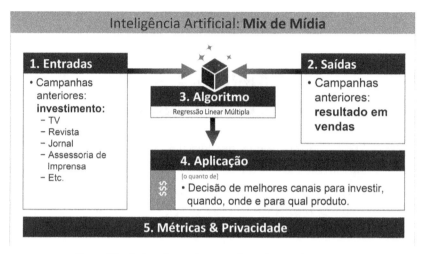

Figura 25: mix de mídia no diagrama de marketing elevado à IA

Na Figura 25, as entradas são os dados de cada campanha. Esses dados também podem ser chamados de "variáveis independentes", aquelas que suspeitamos que podem impactar o resultado final. Já as saídas são os resultados em vendas das campanhas anteriores, e podem ser chamadas de "variáveis dependentes" — as que queremos entender ou predizer.

Escolhi uma história com exemplos não digitais (TV, jornal...) para provar como o uso de dados pode mudar a forma de se comprar mídias tradicionais. Depois podemos incluir o que desejarmos, principalmente nas interações digitais.

Vamos imaginar a **chegada de um novo CMO a um grande varejista com centenas de lojas**. Lá encontra um orçamento, **uma verba que é utilizada ou distribuída em diferentes veículos de comunicação: TV, rádio e jornal**. Como ele pode alocar a verba nos canais da forma mais eficiente possível, gerando mais vendas para a companhia?

No passo a passo a seguir eu usei o Excel como ferramenta base, mas também é possível usar o Google Sheets. Algumas coisas você fará com o Excel que já tem; para outras, precisará de um plug-in* gratuito e fácil de instalar. Se quiser, também poderá sofisticar com Tableau, Power BI, ou algoritmos em R***.

O primeiro passo da regressão linear

O novo CMO começará **analisando** os dados das últimas 200 campanhas, comparando quanto foi gasto em TV, rádio e jornal com as vendas no período. (É isso aí! No marketing elevado à IA sempre **começamos de dentro para fora,** e não fazendo uma reunião com o Facebook ou o Google para saber onde eles recomendam que façamos nosso investimento). Os atributos dessa análise são os investimentos nos diferentes canais e o objetivo é a previsão das vendas. Você pode imaginar uma planilha gigante de Excel, onde cada linha é uma campanha e as colunas são TV, rádio, jornal e vendas.

	coluna 2	coluna 3	coluna 4	coluna 5
	Atributo X_n	Atributo X_n	Atributo X_n	Objetivo Y_n
Campanha	Investimento em TV	Investimento em rádio	Investimento em jornal	Vendas
Dia das mães	R$ 331	R$ 337	R$ 316	R$ 28.700
Namorados	R$ 310	R$ 320	R$ 100	R$ 25.800
Dia dos Pais	R$ 195	R$ 125	R$ 140	R$ 18.800
Verão	R$ 144	R$ 144	R$ 94	R$ 18.700
+ 200 campanhas				

Olhando a tabela acima, você consegue dizer qual o canal de mídia mais eficiente?

É claro que não.

Repare na tabela que as campanhas acontecem usando os diferentes **canais de mídia ao mesmo tempo** (TV, rádio e jornal), assim como no dia a dia do profissional de marketing.

Se você tem alguma lembrança de quando estudou matemática, já percebeu que na primeira linha da tabela temos Xn e Yn, o que dá uma pista de que no final dessa regressão encontraremos uma **fórmula para prever vendas em função de diferentes investimentos nos três canais** de mídia: TV, rádio e/ou jornal.

Dividir para conquistar

Primeiro vamos definir as fórmulas separadas de cada canal e depois juntamos tudo. As fórmulas separadas são iguais às que aprendemos na escola: y = a + bx, um simples gráfico linear onde "a" é o ponto que a linha corta o eixo Y (interseção), "b" é a inclinação da reta e "x" é a quantidade de mudança de investimento que impacta na minha previsão de vendas Y.

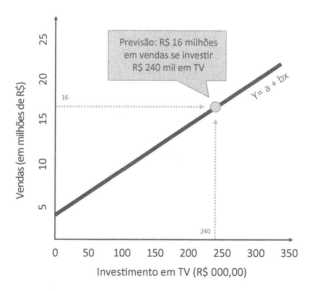

Figura 26: regressão linear

Interpretações do gráfico de regressão linear da Figura 26:

- ▶ Se investir 240K em TV, as vendas podem ser estimadas em 16 milhões de reais;
- ▶ Sem investimento nenhum (x=0), podemos estimar 4 milhões de reais em vendas;
- ▶ Esse exemplo é fácil, pois não mostra a relação com outros canais (rádio, jornal etc.);
- ▶ A relação investimento versus vendas não é uma regra de três.

Voltando à vaca fria, como chegamos até aqui:

O gráfico e a reta acima foram desenhados pelo Excel em um diagrama de dispersão, representando da melhor maneira a linha imaginária traçada entre o histórico das 200 campanhas anteriores. Cada uma das 200 campanhas é representada por um dos pontos no gráfico:

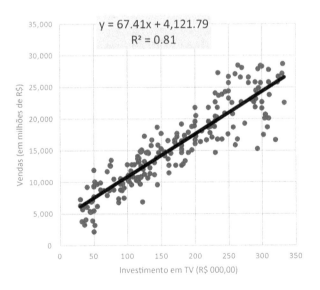

Figura 27: regressão linear com linha de tendência

No gráfico ao lado:

- o eixo Y (vertical) representa o total de **vendas** para cada uma das campanhas (coluna 5 da tabela anterior), em milhões de reais.

- o eixo X (horizontal) é **o investimento em TV** das mesmas campanhas (coluna 2), em mil reais.

- As bolinhas são as 200 campanhas.

- A linha é chamada de "linha de tendência" e foi **criada pelo Excel**.

Interpretações do gráfico da **Figura 27:**

- **Y = 67,4x + 4.121,80** na (caixa cinza no alto do gráfico) é a fórmula da TV, gerada pelo Excel. Isso significa que:

  - se o investimento for zero, a venda estimada é de 4,1 milhões de reais: Y = (67,4***0** + 4.1) = 4.1

  - se o investimento for de 200 mil reais, a venda estimada será de 17,5 milhões de reais: Y = (67,4***200** + 4.1) = 17.5 milhões de reais

  - Para cada aumento incremental de mil reais em TV, há um aumento de 67,4 mil reais em vendas. Essa é a inclinação da curva, representada pelo 67,4

Após interpretar o gráfico e colocar seus números lá, você deve estar pensando: "Mas o quão confiável é isso?" ou: "Isso significa que vai crescer eternamente?", ou seja, "Investindo um trilhão em TV devo esperar que mesma fórmula funcione?" ou "Como ficam as exceções?"

Vale lembrar que o papel da estatística é o de minimizar os erros para que o executivo possa tomar suas decisões de negócio. Vamos interpretá-los:

R2 = R-Squared ou R-Quadrado (Coeficiente de determinação)

Você deve ter notado que na fórmula gerada pelo Excel naquela caixa cinza também aparece "R^2 = 0.81". O mesmo também pode ser calculado com o uso da fórmula =RQUAD (valores de y; valores de x). O R-Squared quer dizer que, **de acordo com a linha média** (também chamada de linha de tendência, modelo ou modelo linear), **81% da variação em vendas pode ser explicada pelo**

investimento em TV. Os outros 19% devem ser explicados por outros fatores. Vamos trabalhar novamente com isso quando juntarmos jornal e rádio na próxima etapa, múltipla regressão linear".

O R^2 sempre será entre 0 e 1, sendo o mais próximo de 1 aquele que melhor ajusta o modelo (a linha de tendência) à amostra. Em resumo, é o quanto de Y (vendas) pode ser explicado pelas mudanças no X (TV).

Quando mais baixo o R^2, maior é a variabilidade da nossa previsão, ou seja, quanto maior o R^2, melhor.

O R^2 é calculado a partir das distâncias entre a previsão (na linha) e a realidade (da amostra). Um R^2 igual a 1 seria igual a ter todos os pontos da amostra perfeitamente enfileirados na linha. O R^2 mais próximo de zero seria o oposto: pontos dispersos e longe da linha. Essas distâncias estão sinalizadas nas linhas pontilhadas da Figura 28

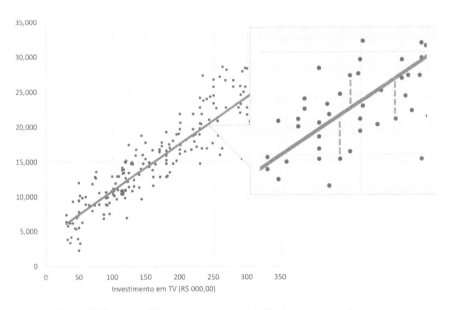

Figura 28: linhas pontilhadas representam a distância entre os pontos e a reta

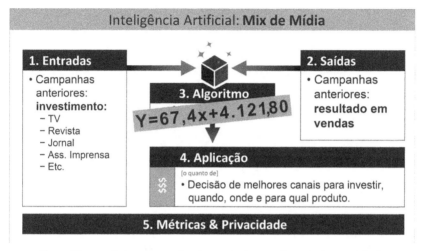

Figura 29: a partir da comparação entre entradas e saídas, usando o modelo de regressão linear, foi criada uma fórmula matemática que representa as interações

Pontos fora da curva (outliers)

O que acontece quando alguns pontos aparecem muito fora da curva? Como interpretá-los?

Vou ilustrar essa reposta com a história de um anunciante que investia muito *merchandising* na TV. *Merchandising* é quando o apresentador de um programa apresenta um produto patrocinado ou quando personagens de uma novela aparecem tomando uma cerveja ou utilizando um produto onde se pode ver a marca.

O *merchandising* normalmente é um ponto fora da curva, porque gera uma quantidade enorme de acessos muito rapidamente. No caso desse anunciante, percentualmente poucas pessoas convertiam, porém, como eram muitos acessos, o investimento costumava valer a pena. Ocorre que quando se fazia uma grande quantidade de *merchandising*, ele rapidamente deixava de fazer efeito. O *merchandising* é um típico outlier que pode atrapalhar sua avaliação da televisão.

Para descobrir os outliers, o profissional tem de saber primeiro qual é o **desvio padrão**. Também calculado em uma única fórmula no Excel, indica a medida de dispersão dos dados em torno da média amostral. No nosso caso, a média é a soma de todos os valores dividida pelas 200 campanhas. Um baixo desvio padrão indica que os pontos dos dados (as campanhas) tendem a estarem próximos da média. Um alto desvio padrão indica que os pontos dos dados estão espalhados por uma ampla gama de valores, ou seja, quanto menor o desvio padrão, melhor.

Para interpretar o desvio, é importante estudar a distribuição normal (curva em forma de sino) e recomendo que o faça em um livro de estatística.

Para seguir nosso exercício, preciso que você memorize as seguintes regras:

▶ 68% das predições devem ser precisas (acuradas) dentro de 1 erro padrão;
▶ 95% das predições devem ser precisas (acuradas) dentro de 2 medidas de erro padrão;
▶ Qualquer ponto acima de 2 medidas de erro padrão pode ser considerado outlier.

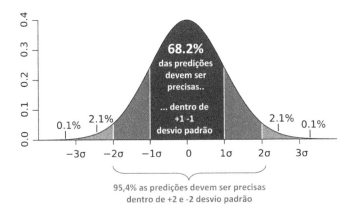

Figura 30: desvio padrão

Usando o Excel, aplicamos a fórmula "STEYX" (standard error) e chegamos ao resultado de 2.750 para TV. Isso significa cada 1 unidade de desvio padrão no gráfico corresponde ao valor de 2.750. O valor em si não tem um uso prático.

Você não vai fazer nada com ele. Vai apenas entender se o erro é grande ou pequeno para acreditar no modelo. No nosso caso:

▶ 68% das predições devem ser precisas dentro de + ou 2.750;

▶ 95% das predições devem ser precisas dentro de + ou 5.500;

▶ Qualquer ponto além de + ou 5.500 é considerado outlier.

Para que possamos visualizar os outliers, organizamos a seguinte tabela:

▶ A coluna "previsão" (C) exibe o resultado previsto para aquele investimento de TV usando a fórmula matemática gerada pelo Excel (linha cinza do exercício anterior);

▶ A coluna "erro" (D) apresenta a diferença entre o resultado real daquela campanha (B- histórico e C previsão);

▶ Os "erros" são aquelas diferenças entre os pontos e a linha de tendência. Agora é só fazer uma formatação de cores para visualizar (no nosso caso, em preto) os valores acima de + 5.500 ou abaixo de 5.500 para facilmente identificar os outliers. A tabela ficou assim:

Campanha	A Investimento em TV	B Vendas (histórico)	C Previsão: uso da fórmula $Y = 67,4x + 4.121,80$	D Erro = (C)-(B)
Dia das mães	R$ 331	R$ 28.700	R$ 26.431	R$ 2.269
Namorados	R$ 310	R$ 25.800	R$ 25.016	R$ 784
Dia dos Pais	R$ 195	R$ 18.800	R$ 17.265	R$ 4.534
Verão	R$ 144	R$ 18.700	R$ 13.827	R$ 6.721
Ano novo	R$ 133	R$ 11.400	R$ 13.086	- R$ 1.686
+ 200 campanhas				

Interpretação da tabela acima:

- Na coluna de erro, o único valor que está fora do nosso intervalo + 5.500 é o da campanha Verão. Ele tem o valor de 6.721 reais e graças à formatação de condicionamento do Excel teve sua célula pintada de preto. **6.721 reais está acima de 5.500 reais e por isso é outlier**.

Outliers podem ser campanhas diferenciadas, como no exemplo do *merchandising*, ou reflexo de tempos de enormes mudanças (como a da Covid-19). Eu já vi muitos outliers que são resultado de erros de tipos de dados (quilômetros ou milhas), idioma (ponto em inglês é a vírgula no Excel em inglês) ou uma indisponibilidade de um sistema naquele dia da medição. Ser um outlier não faz com que esse dado seja inválido, errado ou que deva ser apagado. Isso significa que todo outlier deve ser investigado, manualmente.

Já o **detector de anomalia** (anomaly detection) é diferente do exemplo acima. Aqui, o outlier não é a exceção, e sim o nosso objeto de estudo. Quanto mais dados, melhor. Uma história interessante que conheci foi de um e-commerce que conseguiu, em plena Black Friday, usando o detector de anomalias do Analytics, perceber que algo de errado se passava em algumas cidades. Nestas, de repente e sem nenhuma explicação, os consumidores desistiam das compras pouco antes de confirmá-las. A análise com o detector mostrou que, nestas cidades, havia um erro no cálculo do frete: o consumidor escolhia um copo de 10 reais e o frete era de 200 reais. Como não era um bug na página, ou seja, não era apresentado um aviso de "erro 404", ninguém percebia, até o detector de anomalias gritar e o time rapidamente consertar o problema no sistema de frete.

Separando o joio do trigo: então, vamos investir em TV, rádio ou jornal?

Agora estaremos mais próximos do sonho do CMO de priorizar investimentos de acordo com o melhor retorno possível, com seu novo mix de canais de mídia. Para começar, fazemos o mesmo exercício separadamente com os diversos canais (TV, Jornal e Rádio) e teremos três gráficos iguais a esses:

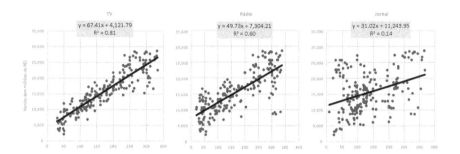

Figura 31: regressões lineares para investimento em TV, rádio e jornal

Interpretações dos três gráficos da Figura 31:

- Começando pelo R^2, podemos dizer que a TV é o meio onde nosso modelo melhor explica o impacto em vendas, seguido pelo rádio.
- A maior inclinação da curva de TV significa que a cada real investido, melhor é o retorno.
- No caso do jornal, a variação entre as bolas e a reta é grande. Essa baixa é representada pelo R^2 0,14, o que significa que apenas 14% da variação em Y (vendas) pode ser explicado por jornal.

Figura 32: percepção não é realidade

Regressão Linear Múltipla: Decidindo onde investir – e não investir – seu esforço de marketing

Agora que conseguimos analisar os canais de forma separada, queremos saber qual o impacto previsto em Y (vendas) considerando todos os atributos (TV, rádio, jornal) ao mesmo tempo. Qual foi o aprendizado do passado para que possamos prever o futuro?

Você pode fazer isso usando um plug-in no Excel. O mais conhecido (e gratuito) é o XLMiner[1]. Eu não tenho vergonha de usar plug-in, porque o cálculo do mix de mídia não é uma coisa que você vai usar todos os dias, como o churn. Normalmente as empresas fazem essa revisão semanal ou mensalmente.

O plug-in te ajudará a fazer todas as dezenas de cálculos ao mesmo tempo. Aqui, vamos focar nosso tempo na interpretação dos dados, a seguir.

Regressão linear múltipla: análise dos resultados

O resultado gerado no Excel será uma tabela assim:

---

1   XLMiner Analysis ToolPak da Frontline Systems.

Regression Statistics	
Multiple R	0.91
R Square	0.82
Adjusted R Square	0.82
Standard Error	2,717
Observations	200

ANOVA

	df	SS	MS	F	Significance F
Regression	3	6618608067	2206202689	298.9187623	4.77996E-73
Residual	197	1453980093	7380609.607		
Total	200	8072588159			

	Coefficients	Standard Error	t Stat	P-value	Lower 95%	Upper 95%	Lower 95.0%	Upper 95.0%
Intercept	4,275.11	470.92	9.08	0.000	3,346.42	5,203.79	3,346.42	5,203.79
TV	60.53	3.96	15.28	0.000	52.72	68.34	52.72	68.34
Rádio	8.39	3.33	2.52	0.013	1.81	14.97	1.81	14.97
Jornal	(2.73)	2.82	(0.97)	0.333	(8.28)	2.82	(8.28)	2.82

Figura 33: Resultado da regressão linear múltipla

Interpretações da tabela da Figura 33 (regressão linear múltipla):

▶ Em primeiro lugar, veja que temos coeficientes para uma equação que compreende todos os canais!

Y (vendas) = 4.275,11 + 60,53 XTV + 8,39 YRÁDIO -2,73 ZJORNAL
sendo x = investimento em TV; y = investimento em rádio; z = jornal

Exemplo: se investir 200 reais em cada canal o resultado será de 17,5 milhões de reais: Y = 4.275,11 + (60,53 x 200) + (8,39 x 200) - (2,73 x 200) = **17.516,00 reais;**

▶ **Segunda observação**: provavelmente não vale a pena investir em jornal. Neste caso, temos de olhar para o p-value. Sempre que ele for maior que 0.05, significa que está fora dos 95% da curva normal (se você estudou no link anterior);

▶ O **R^2 está em 0,82** e o ajustado também. Isso mostra que continuamos com um ótimo nível de previsibilidade, já que 82% das variações podem ser explicadas pelo nosso modelo.

Conclusão: se eu fosse o CMO, testaria não investir em jornal. Lembrando que continuaria com as medições campanha a campanha, aprendendo e testando sempre. Assim, o novo CMO já começou economizando sem dar um tiro no escuro.

Eu não disse que "jornal não funciona", e sim que tenho "82% de confiança" para acreditar que vale mais a pena retirar o investimento de jornal neste exemplo fictício e aplicar em outros meios para testar, encontrar correlações e então continuar melhorando o trabalho de marketing.

Eu gosto do termo **confiança**. Isso porque, como afirma nosso professor do MIT, Devavrat Shah, em seu curso, o **objetivo da ciência de dados é o de reduzir a incerteza.** O que ele quer dizer é: sempre haverá incerteza se uma pessoa que entra na loja comprará um produto, se as vendas vão crescer, se vai chover etc. O mundo é feito de incertezas e a estatística nos ajuda a tentar prever o que acontecerá com "maior ou menor certeza", ou "maior ou menor acurácia".

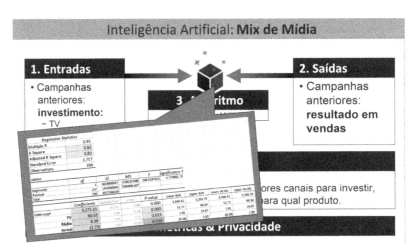

Figura 34: regressão linear múltipla em MMM

É assim que a regressão linear múltipla se transforma em inteligência para o dia a dia do profissional de marketing: comparando dezenas de campanhas que incluem investimentos por canal de mídia, com os resultados totais em vendas.

Por meio da análise dos coeficientes e expectativa de retorno em reais, canais podem receber maiores ou menores investimentos.

Esse tipo de análise claramente ajuda o profissional de marketing a tomar melhores decisões, não só de investimento em mídia por canal como também entender de onde vêm os melhores e piores clientes, identificar perfis e até o valor monetário de cada consumidor para a empresa (CLV). Dá até para ir além e usar os dados para prever custo de fornecedores, salários da equipe e churn de funcionários no time, dentre outros. Ao mesmo tempo é uma forma de entregar uma melhor experiência ao consumidor, pois este não será mais atacado por diversas comunicações simultaneamente e em diversos canais. Com o tempo, a tendência é que ele receba menos impactos, embora mais relevantes e de acordo com sua jornada de consumo.

CLV e LTV: Customer Lifetime Value

Não importa se você trabalha há muito ou pouco tempo em marketing, com certeza já deparou com essas siglas, que representam o valor do consumidor na sua relação com a empresa ao longo da sua vida. Algumas metodologias calculam a partir da margem, outras baseiam valor em receita, há os que preferem chamar de CLV e outros de LTV. Vou simplificar e chamar sempre de CLV. Esse assunto é tratado neste capítulo porque no nosso exemplo o resultado final é um valor em reais e não uma probabilidade percentual.

Embora seja possível, nunca vi uma empresa falar que "o CLV aumentou este ano". Isso porque o CLV serve como índice, uma variável para você decidir se vai ou não investir na relação com determinados clientes ou interessados (tradução de *prospects*[2]). Por exemplo: uma empresa pode perder em um mês 1.000 clientes que custavam mais para manter do que davam lucro na operação — e isso é

---

2   Definição de prospects: interessados, possíveis clientes https://pt.wikipedia.org/wiki/Gera%C3%A7%C3%A3o_de_Leads

bom. Outra empresa pode criar estratégias para adquirir clientes de maior CLV, o que trará maior lucro nos próximos anos.

CLV e LTV não são um fim, mas um meio para criar melhores estratégias, de aquisição a retenção de clientes. Só assim você poderá construir uma estratégia com o ROI positivo.

Nos livros de Ciência de Dados existe um modelo simplificado de CLV a partir dos atributos a) ticket médio (quando custa cada compra que o consumidor faz); b) frequência de compras; e c) tempo médio do relacionamento. A vantagem do modelo simplificado é que fica mais fácil você ter isso na ponta do lápis na nuvem, durante suas campanhas ou ações de marketing.

a) e b) são fáceis de saber, pois trabalhamos com dados existentes. O tempo de permanência, porém, precisa ser estimado. Uma forma de fazê-lo é utilizando o churn. Costumamos usar "1 dividido pelo churn", ou seja: se você tem 8% de churn, o CLV será de 12,5 anos (= 1 / 0.08)

Aí é só **multiplicar**, por exemplo, a) ticket médio de R$ 200 **por** b) 3 compras ao mês e **por** c) 12,5 para chegar ao CLV de 7.500 reais (= 200 * 3 * 12,5). O resultado, 7,5 mil reais, reforça que o que temos é apenas um índice. A partir daí, calculando os índices de todos os consumidores, podemos:

▶ Criar estratégias de retenção para clientes de CLV acima de 7.5k que pertencem ao grupo de alta probabilidade de cancelamento, desde que o custo do esforço em retê-lo (ações de marketing) não seja superior a X;

▶ Adquirir novos consumidores cujo CLV seja 10 vezes superior ao custo de aquisição.

Essa última comparação entre CLV e CAC (custo de aquisição) mudou a vida de muitas empresas, principalmente daquelas onde o marketing estava acostumado a trabalhar na mentalidade do funil. Nessas empresas (assim como aquela que mostrou banners quando eu viajava para Campinas) havia uma perseguição cega pela redução do CPM (custo por mil impressões) dos banners das suas campanhas, quando na verdade **é OK pagar por um CPM alto, desde que esteja adquirindo consumidores cujo CLV é 10 vezes maior que o custo de aquisição.**

A história do varejista calculando preço de cobertor é um ótimo exemplo. Antes da existência do cálculo matemático desse e depois dos outros produtos, a meta da agência de propaganda era sempre de falar com mais gente pelo menor custo (redução de CPM). Mas isso foi alterado usando a aplicação dinâmica: a cada dia, o algoritmo dizia qual era o teto a ser pago pela aquisição de um cliente e/ou promoção de um determinado produto, de acordo com os atributos daquela regra. Isso com certeza deixava seus concorrentes perdidos, pois não entendiam por que aquele varejista de repente subiu tanto o leilão de uma palavra ou cancelou o leilão de outra.

Os objetivos de alcance (falar com mais gente) e frequência (várias vezes) se tornam irrelevantes quando adotamos uma matemática como a do varejista acima.

Quem não faz o cálculo do CLV pode estar facilmente pagando mais do que deveria para adquirir consumidores, o que não é sustentável a longo prazo. Se quiser se aprofundar nesse assunto, sugiro o livro *The Blue Line Imperative*[3], de Kevin Kaiser.

CLV usando modelo de regressão

O CLV pode ser mais sofisticado e aqui vou comentar com base na melhor referência do assunto, o livro de Yoon Hyup Hwang[4].

Vamos direto para o cálculo — pois já aprendemos como a regressão funciona — e então focaremos na interpretação dos resultados e uso em marketing. Na tabela a seguir, o banco de dados de clientes é apresentado da forma crua e,

---

3   https://www.amazon.com/dp/B00DFHGD0Q/ref=dp-kindle-redirect?_encoding=UTF8&btkr=1

4   Livro: *Hands-on Data Science for Marketing*, de Yoon Hyup Hwang

na segunda, veremos o resultado da regressão para um varejista de roupas com o CLV dos últimos três meses e seus coeficientes:

Cliente	Data da compra	Total de vendas	Média de vendas	Quantidade de vendas
Guilherme	2020-06-21	R$ 631	R$ 631	1
Gustavo	2020-02-02	R$ 820	R$ 410	2
Eduardo	2020-01-12	R$ 195	R$ 195	1
Júlia	2019-11-25	R$ 1.018	R$ 509	2
Manuela	2019-06-30	R$ 220	R$ 220	1
Felipe	2020-01-12	R$ 450	R$ 450	1

É óbvio que, na realidade, um cliente é representado por um número, um ID; porém, para nosso exercício, gosto de colocar nomes.

As datas são, então, transformadas em M0-3, M3-6, M6-9 — que significam compra de hoje até três meses atrás (M0-3), compra de 3 a 6 meses (M3-6) e de 6 a 9 meses (M6-9). Também quebrando esses períodos são calculadas as métricas de média, total e quantidade. O resultado está aqui:

Nomenclatura	Descrição	Coeficiente
M0-3_avg	Média do gasto nos últimos 3 meses	**-0,53**
M3-6_avg	Média de gasto nos últimos 3 a 6 meses	**0,17**
M9-9_avg	Média de gasto nos últimos 6 a 9 meses	**0,26**
M0-3_count	Quantidade de compras nos últimos 3 meses	42.5
M3-6_count	Quantidade de compras de 3 a 6 meses	40.2
M6-9_count	Quantidade de compras de 6 a 9 meses	68.1
M0-3_soma	Soma do valor das compras nos últimos 3 meses	0.53
M3-6_soma	Soma do valor das compras de 3 a 6 meses	0.53
M6-9_soma	Soma do valor das compras de 6 a 9 meses	-0.32

Interpretações do resultado:

A partir do coeficiente, é possível entender facilmente os atributos e suas correlações. O coeficiente negativo na primeira linha significa que o valor médio gasto no período dos três meses anteriores (M0-3_avg) tem impacto negativo no valor do cliente nos três meses seguintes, ou seja, nesse exemplo, **quanto maior o valor da compra dentro do período de até 3 meses, menor será o valor da compra nos 3 meses posteriores.**

Por outro lado, nas linhas seguintes (M3-6_avg e M6-9avg) o coeficiente é positivo, indicando que, quanto mais um cliente tiver feito compras no período de 3 a 9 meses atrás, maior será o valor que ele trará nos próximos 3 meses.

Os coeficientes, quando calculados dentro da equação, nos dão a predição em reais do quanto será vendido de acordo com as interpretações que tivemos do modelo.

Agora podemos **investir em mídia de forma inteligente,** destinando investimento alto o suficiente para atingir clientes-alvo e mínimo possível para os compradores de até três meses. Só assim você pode esperar um ROI positivo da campanha.

Mais uma vez, em vez de falar que um CPM é alto ou baixo de acordo com benchmarks de mercado ou com o valor que sua empresa historicamente investe, o profissional de marketing elevado à IA usa seus dados e, de dentro para fora, saberá avaliar o preço de um CPM ou de um clique com base no valor do impacto em consumidores de alta propensão, alto CLV e maior valor para a companhia. Outros usos podem ser:

- ▶ Conhecer os atributos por trás do comportamento dos consumidores de maior CLV e replicar com os usuários anônimos que entram no seu site, ajustando a navegação desses desconhecidos no seu site (seguindo a ideia da seguradora), no call center (seguindo a ideia do banco), dentre outros;
- ▶ A empresa de sandálias poderia prever meu CLV por meio de atributos semelhantes aos de outros compradores (idade, cidade, tempo, site, hora, dia etc.) e, a partir daí, investir por grupos de clientes. Supondo que tenho

alto potencial, por que não me enviam um brinde ou quem sabe uma carta de agradecimento escrita à mão e incluída na embalagem, felizes por me atender na minha primeira compra?

LTV, CAC e startups

O melhor livro para startups que conheço foi escrito pelo professor do MIT Bill Aulet e se chama *Empreendedorismo Disciplinado*[5]. No livro, ele defende um cálculo de LTV baseado em lucro que utiliza, além dos indicadores que comentamos, as oportunidades adicionais de receita, custo de capital e vida útil do produto, dentre outros. Cabe a você entender o que melhor reflete o seu negócio e adaptar seu CLV ou LTV. Aulet dá uma dica quando diz que **o LTV deve ser, no mínimo, 3 vezes maior do que o custo de aquisição de clientes.**

Em bate-papo com Guga Stocco e Marcello Gonçalves, famosos investidores de startups — incluindo alguns unicórnios (empresas com valor de mercado acima de 1 bilhão de dólares) —, ouvi que em alguns casos há investidores que em seus contratos com as startups incluem uma cláusula onde podem limitar ou até mesmo impedir o investimento em marketing. Essa é uma forma de evitar que empresas cresçam de forma artificial, gastando mais em aquisição do que deveriam. Segundo eles, "o produto tem de ser bom para ter crescimento sozinho, a mídia pode dar um impulso e é só isso", ou seja, nunca mais invista em mídia com aquela cabeça do funil de conversão, em que os marqueteiros são focados apenas no indicador de mídia (CPM, clique etc.). Daqui para a frente, não tome decisões que não sejam baseadas pensando em LTV/CLV, na sua relação com o custo de aquisição ou no pensamento de eficiência entre meios (vide seus coeficientes), como vimos nas regressões linear e múltipla. Nunca mais.

Isso serve para startups, pequenas, médias e grandes empresas.

---

5   https://www.americanas.com.br/produto/133035864/livro-empreendedorismo-disciplinado?WT. srch=1

CAPÍTULO 7C:

"Identificando indivíduos"

Como funcionam as recomendações de produtos no e-commerce, os terríveis banners de retargeting e as DMPs

> *Ciência é muito mais que um conjunto de conhecimentos, ela é uma forma de pensar."*
> Carl Sagan (1934-1996), astrônomo, cientista e autor americano

AGORA QUE JÁ VIMOS EXEMPLOS ONDE ENTRADAS E SAÍDAS SÃO INFORMAções conhecidas para calcular as chances de algo acontecer ou a estimativa de um valor, chegou a hora de exemplificar um modelo não supervisionado, aquele onde não temos informações conhecidas das saídas.

A recomendação de produtos no e-commerce é tão importante que a Amazon atribui 35% da sua receita[1] a esse tipo de inteligência. Chamada de cross-sell (venda cruzada, em português), a Amazon atribui esse resultado às seções do site "frequentemente compram juntos" e "consumidores que compram isso também compram aquilo".

Existem centenas de histórias de sucesso, como, por exemplo, a companhia JetBlue, atribuindo uma receita adicional de mais de 140 milhões de dólares (em 2016) à estratégia de up-sell, por meio da qual sugere a venda de espaço extra nas aeronaves usando agrupamentos de pessoas que compraram isso (atributos) também compram aquilo.

Em estudo[2] de 2016, a Pacific Crest calculou o custo de aquisição (CAC — Customer Acquisition Costs, em inglês) para vender um produto a um novo consumidor versus consumidores existentes e chegaram ao número mágico de 24%, ou seja, se custa 1 real para vender a um consumidor novo, custaria apenas 0,24 para vender a um consumidor que você já tem[3].

Em estudo da Salesforce de 2017, os consumidores que receberam a recomendação de produto responderam por 24% dos pedidos e 26% da receita. Muito em linha com o resultado da Amazon (35%) acima. Além disso, no estudo eles focam em como essa estratégia aumenta as visitas repetidas dos consumidores e ainda o valor dos pedidos (ticket médio).

---

1 https://www.forbes.com/sites/chuckcohn/2015/05/15/a-beginners-guide-to-upselling-and-cross-selling/#b190db02912e

2 https://dskok-wpengine.netdna-ssl.com/wp-content/uploads/2015/10/FE_Infographic_06.pdf

3 https://www.pointillist.com/blog/5-essential-steps-to-find-upsell-and-cross-sell-opportunities-with-analytics/

Estudo mais recente da Adobe Magento[4] diz que recomendações aumentam a propensão de retorno ao site em duas vezes e as chances de conversão em 70%. O estudo diz, ainda, que 40% dos consumidores admitem terem feito uma compra mais cara por causa da recomendação.

Tipos de recomendação

Os **sistemas de recomendação** criam sugestões a partir do que as pessoas compraram ou viram no passado. As recomendações são baseadas em uma estimativa de qual grupo de clientes você se encaixa melhor para, então, deduzir suas prováveis preferências com base nesse grupo. Há duas formas mais comuns de se criar uma lista de recomendação:

Colaborativa: uso dos dados para encontrar **similaridades entre usuários ou itens** e recomendação dos mais parecidos. A premissa básica é a de que aqueles que viram ou compraram conteúdos ou produtos similares no passado são mais propensos a ver ou comprar similares no futuro. Exemplo: se no passado uma pessoa comprou A, B e C e outra pessoa comprou A, B e D, então há maiores chances de a primeira pessoa comprar D e a segunda pessoa comprar C. Simples assim.

Baseada em conteúdo: neste sistema, a lista de recomendações é criada baseada nas **características de um item ou usuário**. Aqui as palavras-chave que descrevem uma característica de um item são essenciais. A premissa básica é de que as pessoas possuem maior propensão a comprar itens similares aos itens que **elas mesmas já compraram** ou viram no passado. Exemplo: recomendação de músicas parecidas com as que já ouvi.

A seguir, vou exemplificar com o sistema colaborativo. O primeiro passo é ter uma tabela chamada de matriz "usuário–produto", exemplo:

---

4   https://magento.com/AI-Powered-Product-Recommendations-Magento-Commerce

		Produto comprado				
		Camiseta	Shorts	Tênis	Jeans	Meia
Usuário	Júlia	0	1	0	0	1
	Manuela	1	0	0	1	0
	Felipe	0	0	1	1	1
	Maria Inês	0	1	1	0	0

Na tabela acima, o número 1 significa "comprou" e no zero significa "não comprou".

O passo seguinte é o de encontrar as similaridades, o que pode ser feito por meio da distância euclidiana ou, o mais comum, a similaridade de cosseno. Vou te poupar da matemática, mas deixo como dica o link do Blog da Movile[5] para quem quer se aprofundar.

Vamos imaginar o site de um varejista onde costumo fazer minhas compras. Nunca comprei nada da marca Adidas, porém já comprei diversas outras marcas e em muitos casos avaliei o produto. Se a estratégia é oferecer Adidas para não compradores da marca (primeira aquisição), basta encontrar grupos de usuários que compraram e/ou avaliaram outros produtos, assim como fiz, e que já tenham comprado Adidas antes. Dessa forma, o sistema encontrará pessoas com gosto similar ao meu e que tenham dado boas avaliações para Adidas — seguindo esse princípio de me recomendar o que calcula ser o melhor para minha conversão.

Esse tipo de recomendação — quando bem-feita — ajuda o profissional de marketing a entregar melhores resultados para a empresa ao mesmo tempo em que melhora a experiência do consumidor, que será surpreendido positivamente com uma oferta de um produto com grandes chances de o agradar. É assim que conseguimos transformar "gosto" em números e recomendações.

---

5   https://movile.blog/sistemas-de-recomendacao-com-filtros-colaborativos/

Banners Retargeting

Uma forma malfeita e muito comum de recomendação é vista naqueles banners que nos perseguem na internet. Comprei um moletom no site de um varejista e, logo em seguida, a internet me encheu de banners ofertando roupas desse varejista, sendo que, na maioria dos casos, a oferta era do mesmo moletom que eu havia comprado.

Fiz essa compra enquanto conversava ao telefone com o time de marketing do varejista e comentei o acontecido. A resposta: "É assim porque o Facebook não é real-time"; porém essa não deveria ser a resposta, por três motivos:

1. **Tempo**: depois de duas semanas, ainda recebia banners do mesmo moletom, o que derruba a argumentação da preocupação com o real-time de uma equipe que teve semanas para me tirar dessa segmentação;

2. **Técnica**: existem formas técnicas de evitar esse problema, via o que chamamos de **supressão de audiência**. Ela pode ser feita usando uma DMP ou diretamente no código via pixel no Facebook para marcar e não exibir aos compradores. Basta uma simples busca na internet para você encontrar diversos vídeos explicando como fazer;

3. **Foco no consumidor**: quando pensamos em modelos preditivos e no foco da experiência do consumidor, a primeira coisa a fazer é cancelar esse tipo de ação ou investigar a fundo até que consiga fazê-la de forma relevante, nunca aceitando uma experiência ruim só porque achamos que não é possível mudar.

Certa vez, entrevistando o CEO de uma empresa que faz esse tipo de produto (*retargeting*), ele defendia o produto dizendo que "é ROI na veia", pois se compra um inventário de mídia muito barato (chamado de sobra ou "calhau"), fazendo com que qualquer conversão dê alto resultado. Mesmo que se exibam banners em quantidade exagerada, o custo é tão mínimo que, perto da receita com algumas vendas, continuará valendo a pena.

O maior inimigo da boa experiência do consumidor é a compra barata e o foco isolado no ROI, como aconteceu, por exemplo, na empresa de sandálias, sem pensar no impacto negativo da experiência no CLV.

Figura 35: sala de performance

Agrupamentos

A forma como os agrupamentos são feitos, utilizando análise de cluster (segmentos) no mundo da estatística, pode ter diferentes usos de acordo com os objetivos de negócio e expectativa de granularidade de quem está desenhando o modelo. No exemplo da **Figura 36**, uma árvore é criada de cima para baixo e em cada nó há uma separação de acordo com o critério colocado no nó. Trata-se de uma análise hierárquica que vai juntando indivíduos até que todos aqueles que sobram nos grupos abaixo são os mais semelhantes possível.

Dependendo do quão específico o profissional de marketing quer ser — em outras palavras, o quanto de risco ele quer correr — ele decide por "cortar" a linha mais acima ou mais abaixo. Na ilustração chamei de "linha de corte" 1 e 2".

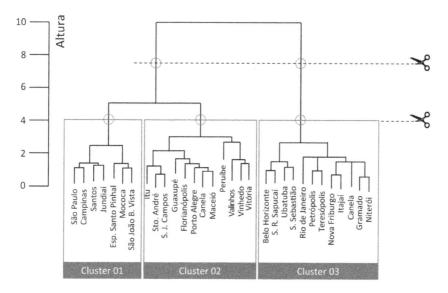

Figura 36: representada em forma de dendograma, as diversas cidades podem ser reunidas em 2 ou 3 agrupamentos (clusters) se nossa linha de corte (representada pela tesoura) for posicionada mais acima ou abaixo. Na altura onde foi posicionada restaram 3 clusters. Se descesse mais, poderiam ser 10, 20 etc. Para cima, seriam apenas 2 grupos, de acordo com as 2 únicas intersecções com a linha pontilhada da tesoura superior.

Cada nome de cidade é uma observação e, à medida que subimos na hierarquia, as observações semelhantes são combinadas em linhas, que são fundidas mais acima. A altura — eixo vertical X — indica a semelhança entre as observações. Quanto maior a altura, menos semelhante as observações, portanto, não existe agrupamento certo ou errado, mas diferentes apetites ao risco dos profissionais de negócio.

Um setor onde o agrupamento é muito utilizado é no varejo.

A entrega do produto é fundamental não só para o consumidor que espera recebê-los o mais rápido possível, como também para o varejista que deve decidir, em tempo real durante uma compra, de qual loja ou centro de distribuição um produto deve sair para chegar na casa do consumidor, atendendo a essa expectativa com o menor custo possível.

Esse tipo de decisão pode ser feito por algoritmos construídos ou adaptados dentro de varejistas e plataformas de comércio eletrônico usando métodos como o clustering, por meio de algoritmos como o K-means.

Vamos imaginar um exemplo hipotético onde o objetivo é o de encontrar os melhores endereços para alugar três depósitos, minimizando a distância total entre eles e as 25 lojas, reduzindo custos e diminuindo o tempo de entrega dos depósitos para as lojas.

- ▶ A construção começa com um gráfico onde as coordenadas X e Y são geográficas, ou seja, são a representação das lojas do mapa em uma planilha;
- ▶ Usando até mesmo aplicações como o XML Solver é possível calcular como minimizar as distâncias a partir da modificação das variáveis X e Y de três depósitos.

Essa breve história serve para mostrar o quanto agrupamentos podem ser úteis em decisões de negócio, como na localização de centros de distribuição. O mesmo acontece todos os dias ao se decidir de qual depósito sai um produto ou diversos produtos de uma única compra para cada consumidor.

DMP e modelos Look-alike

DMPs, ou Data Management Platforms, são grandes plataformas de dados na nuvem que, na minha opinião, são a melhor evolução do CRM no mundo digital. Elas possuem a função de unificar dados de diversas fontes para serem utilizados por profissionais de marketing. É com elas que uma empresa pode, por exemplo, unir os dados do seu CRM com os dados de navegação dos usuários nas suas propriedades digitais (sites, apps, e-mail etc.) e criar agrupamentos, também chamados de audiências ou segmentos.

No CRM tradicional das empresas normalmente há agrupamentos por renda, região, produtos adquiridos, propensão à compra de produtos, dentre outros, usando dados de cadastro e de relacionamento com o consumidor (histórico). Ao mesmo tempo, existem milhares de pontos de contato e dados digitais como o tempo de navegação, as páginas visitadas etc. Todos esses atributos (ou variáveis, como vimos nos capítulos anteriores) são chamados de traços e/ou sinais de acordo com a nomenclatura de cada uma das DMPs de mercado. Segmentos (ou audiências) são agrupamentos de traços e sinais, conforme a Figura 37.

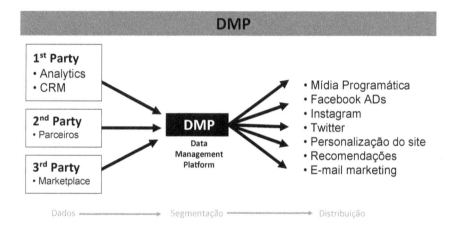

Figura 37: DMPs reúnem dados de diversas fontes para uso do profissional de marketing

Imagine que um banco pode, por exemplo, criar uma estratégia de ligações ativas, por meio da qual os gerentes das agências ligam para seus clientes de alta renda que acabaram de navegar nas páginas de investimento. Partindo da premissa de que a alta renda e a navegação em páginas de investimentos estão correlacionadas a novos investimentos, basta criar na DMP o segmento "pessoas de alta renda (dado do CRM), cuja navegação recente inclui páginas de investimentos (dado de navegação do site)". Quando uma pessoa se encaixa nesse perfil é automaticamente classificada nessa audiência. O sistema de e-mails do banco pode ler essa informação e enviar alerta aos gerentes das agências bancárias com a lista dos seus clientes que entraram nesse segmento. A partir daí, os gerentes podem ligar proativamente, oferecendo ajuda na escolha dos melhores investimentos e fazendo mais negócios.

Clientes que não foram contatados, seja porque não foram encontrados ou porque a lista é muito grande para os gerentes, podem ser impactados por banners na internet. Isso é feito a partir do envio da audiência para o "destino" da mídia programática. Outros destinos podem ser ferramentas de disparo de e-mails ou até mesmo a personalização do site do banco. Isso evita, por exemplo, que os clientes desse segmento, ao entrarem no site, encontrem um banner enorme dizendo "seja nosso cliente", quando na verdade já são. A mensagem de "invista agora" pode estar no banner do site, no aplicativo, nos e-mails e banners etc., viajando pelas audiências. O uso desse tipo de estratégia foi capaz de **aumentar em mais de 20% a quantidade de cadastros de interessados**, segundo estudo sobre o impacto do investimento em experiências da Forrester em conjunto com a Adobe, em 2018[6].

Todos os dias deve também existir uma classificação dos clientes que fizeram novo investimento para que não recebam banners em excesso, economizando verba de marketing e entregando melhor experiência para os clientes. Isso pode evitar também que o cliente veja um banner sugerindo para investir no que ele acabou de investir, assim como no varejista que fica mostrando banners do mesmo produto (moletom) que eu já comprei.

Criar uma **supressão de audiência** como essa é mais simples do que parece. Basta incluir uma audiência com os sinais/traços que representam a aquisição do novo investimento (exemplo da página de sucesso) e incluir essa regra na montagem da audiência que vimos anteriormente. O segmento ficaria assim: "pessoas de alta renda (dado do CRM), cuja navegação incluiu as páginas de investimentos

---

6   https://www.adobe.com/content/dam/acom/en/industries/financial-services/resources/pdfs/adobe-impact-of-cx-spotlight-financial-services.pdf

(dado de navegação do site), excluindo aqueles que fizeram novo investimento (dado que a página de sucesso do site envia para a DMP)". No mesmo estudo Adobe & Forrester, a redução no investimento em mídia chegou a 15% com essa técnica.

DMPs também são utilizadas na expansão das audiências — a estratégia por trás se chama **Look-alike Modeling**. Traduzindo ao pé da letra seria uma modelagem de "parecidos", ou seja, agrupamento por similaridade para encontrar pessoas que você ainda não conhece, mas que possuem o mesmo comportamento dos seus clientes. Exemplo: se um visitante anônimo entrar no seu site e se comportar (leia-se: páginas que navegou, tempo, origem, botões que clicou etc.) de forma equivalente àqueles clientes da sua audiência de alta renda, ele será classificado como tal e receberá a experiência que foi desenhada para esse segmento. Ele verá um banner de "invista agora" ao invés de "seja nosso cliente", mesmo que não tenha se cadastrado ou feito seu login no site. A personalização aconteceu com dados anônimos de navegação.

Soube de uma história interessante ao visitar a equipe de uma companhia aérea: a partir do mapeamento do principal ponto de desistência na jornada de compra de uma passagem aérea, foi criado um agrupamento com as características das pessoas que abandonam durante aquele momento. O passo seguinte foi a criação e teste de diversas experiências, de navegação até promoções e descontos. As estratégias vencedoras foram replicadas para pessoas que possuíam as mesmas características, antes de chegarem ao ponto de desistência. Eles conseguiram reduzir drasticamente a desistência nesse agrupamento, aumentando as conversões.

Os exemplos que dei aqui ilustram algumas funcionalidades das DMPs, porém eles foram baseados em regras e premissas com alguma predição, mas é possível ir muito além. É por isso que, cada vez mais, ouvimos os fabricantes de DMP falar sobre as suas características preditivas, combinando entradas e saídas a fim de criar regras (algoritmos) que possam prever comportamentos futuros e assim criar segmentos. O mais importante a se considerar, porém, é que **ser** preditivo ou não depende não só da tecnologia, mas também de como se usa a DMP.

Uma forma de transformar a DMP em preditiva é classificando a conversão como saída (pessoas que compraram algo), sendo as entradas todos os dados coletados até então, desde navegação, passando por histórico de compras, interesses, frequência etc. Uma boa DMP será capaz de entender os traços comuns e replicá-los em uma nova audiência que, nesse caso, terá alta probabilidade de se comportar da mesma forma, conforme Figura 38.

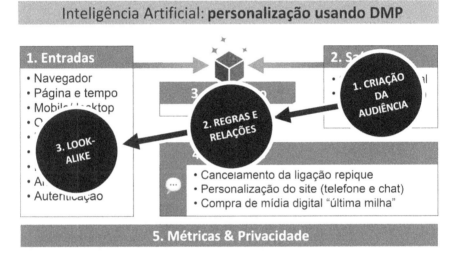

Figura 38: uso da DMP dentro do modelo de propensão/IA

Uma das melhores histórias de uso preditivo da DMP ouvi da consultoria HYPR quando entrevistava seu CEO, Cesar Moura. Em um projeto para uma das maiores marcas de perfume do mundo, dentre as mais de 70 variáveis de entrada, se destacava o traço de localização geográfica.

O time da consultoria cruzou as visitas físicas das pessoas nas lojas próprias e de concorrentes com as visitas no site, acesso às páginas de produtos ofertados e ao evento de adicionar um item ao carrinho de compras. Após os cruzamentos chegarem a mais de 100 mil celulares, eram criadas audiências para compra de mídia programática, exibindo banners de acordo com a propensão de venda online dos produtos anunciados.

Foco foi a palavra-chave dessa história, comprando mídia apenas para quem tinha propensão. Quando comparada com a compra tradicional de mídia "pessoas interessadas em perfumes", a conversão era significativamente superior. Foi assim que fizeram mais com menos: compraram mídia a um custo de exibição (CPM) mais caro que o convencional, enquanto reduziram o custo total de mídia, pois era mais preciso. Multiplicaram as conversões e o retorno do investimento.

Uma frase de Cesar me chamou a atenção durante a entrevista: "Fizemos tudo isso sem precisar escrever uma linha de código". Esse é um enorme benefício das ferramentas de marketing digital.

First Party, Second Party, Third Party

Ter uma DMP não é certeza de sucesso se você não planejar como vai montar as audiências usando propensão, classificando entradas e saídas da forma correta ou sem pensar no problema de negócio em primeiro lugar. O uso inteligente da ferramenta é o que faz com que ela valha a pena.

Para começar, é importante entender os tipos de dados: first party são os dados proprietários da marca, como cadastro, CRM, navegação no site, cliques etc. Todas as interações que acontecem diretamente com a empresa se encaixam em first party. Já second e third party são dados de outras empresas e a diferença entre as duas nomenclaturas é se há uma troca entre empresas (second) ou na compra de dados, normalmente usando marketplaces — mercados de dados. O dado de localização geográfica é um exemplo de marketplace.

No início do livro eu comentei sobre um exemplo de second party, cruzamento dos dados de uma seguradora digital com um site de compra e venda de carros usados. O modelo combinado (usando dados anônimos) era capaz de alertar a seguradora sobre a alta probabilidade de cancelamento precoce de seguros adquiridos por pessoas que estavam pesquisando carros em outro site. Ao se antecipar a esse tipo de situação, a seguradora conseguiu melhorar o CLV, pois identificava os clientes que ficariam pouco tempo com eles antes da venda do seguro.

Com essa informação em mãos, a seguradora limitava os descontos e promoções para esse tipo de cliente — sabia que, mesmo facilitando a aquisição (CAC), isso não valeria a pena, pois o algoritmo de churn avisava do risco antes da compra.

Esse é um **exemplo brilhante** de marketing com propensão que pensa em todo o negócio (e consequentemente em todos os departamentos). Ao mesmo tempo, equilibra aquisição e relacionamento/CLV de forma inteligente.

A escolha das audiências, bem como a calibragem de modelos look-alike passa por critérios de alcance e acurácia dentro das plataformas. Seguindo o mesmo princípio do dendograma, pode-se aumentar o alcance enquanto se reduz a acurácia. Gráficos comparativos nas plataformas ajudam profissionais de marketing a decidir e testar audiências, enquanto acionam seus dados em diversos canais.

Você pode fazer agrupamentos usando a sofisticação de uma DMP ou via programação. Para esse esforço ter valor para a sua empresa, o mais importante é entender sobre propensão para sair do lugar comum e usar as entradas e saídas a seu favor. Isso é IA! Mais do que saber usar as ferramentas — que você pode aprender gratuitamente em demonstrações na internet —, o que vai diferenciar um profissional elevado à IA é a capacidade criativa de buscar novas fontes de dados, testar e aprender, pensando em todo o negócio.

O desapego a produtos com o uso das audiências dinâmicas

Nas empresas onde observo o grande uso de agrupamentos utilizando traços, audiências e modelos de propensão, é possível notar quatro grandes mudanças que, de tão fortes, posso chamar de mudanças culturais:

1. O **desapego** aos produtos, páginas e campanhas. Os profissionais se acostumam tanto a trabalhar nas audiências que, quando conversam, falam sobre a "conversão na audiência X" ou a "propensão no grupo Y", deixando produtos e páginas em uma segunda análise. Embora existam forças internas – como, por exemplo, "vender o produto Z" –, elas convivem com grupos propensos a um tipo ou linha de produto que, a partir de testes de mensagens A/B, poderá converter em Z ou outro produto, elevando as taxas de conversão quando agrupadas em segmentos;

2. As audiências, de tão não tangíveis que são (comparadas às páginas e produtos), exigem uma dinâmica de testes e agrupamentos constantes, para não dizer **infinitos**. Nas palavras de Sean Ellis – autor de **Groth Hacking** –, é uma mudança de mentalidade que deixa de pensar "se está funcionando não vamos mexer" para "vamos encontrar oportunidades de crescimento". Pensar além de produtos liberta a mente das pessoas.

3. Diferentemente do mundo do marketing do banco de dados, as audiências mudam todos os dias e isso é fantástico. Se hoje existem 50 mil clientes no grupo alta renda que navegaram em investimentos, amanhã serão 51 mil ou 49 mil simplesmente porque novas pessoas navegaram, entraram e saíram. Essa dinâmica exige um pensamento dinâmico e infinito;

4. A **criatividade** reina e as pessoas estão todo o tempo pensando em novos cruzamentos usando dados próprios e/ou de terceiros. Paralelamente, os dados first party ganham protagonismo especial. Com o tempo, conforme

acionam dados proprietários, os profissionais percebem esse alto valor e passam a cuidar com muito zelo de sua captura, inteligência e uso;

5. **O deboche do CPM**: quando se compra uma quantidade menor de impressões para uma audiência mais restrita e segmentada, o preço do milhar costuma subir. Agregando-se dispositivos antifraude e de verificação, ficam ainda mais caros, porém, como a segmentação é infinitas vezes melhor, o resultado da ação costuma ser dezenas de vezes superior. Sabendo disso, as pessoas desses times de marketing brincam quando pagam CPMs caros (acima de R$ 30,00 por exemplo), pois sabem que o foco apenas no CPM era coisa daqueles macacos que recebiam jatos d'água.

Neste caso, os fins (melhor ROI e mais conversões) justificam os meios (CPM caro).

Concluindo, o valor não está apenas nas ferramentas em si, mas no conhecimento das pessoas que as utilizam. Ferramenta sem conhecimento é apenas custo. Ferramenta com conhecimento é investimento. Quando bem utilizadas, ferramentas retornam o investimento da sua aquisição em até 7 meses, segundo o mesmo estudo Adobe & Forrester, ou seja, passando para o oitavo mês, tudo é lucro.

Foi por isso que introduzi o livro dizendo que "Daria para escrever um livro para explicar tudo que vem por trás (ou antes) da tecnologia: do pensamento analítico, passando pelos conhecimentos mínimos de modelos de propensão até a forma de gerenciar equipes, metas e incentivos..."

Já estamos na metade do livro!

TESTE!

O quanto elevado à IA é seu marketing?

(1- fazemos pouco até 4- fazemos muito)

1( ) 2( ) 3( ) 4( )   Já nos livramos e não investimos mais em banners retargeting

1( ) 2( ) 3( ) 4( )   Debochamos do CPM e focamos apenas em conversões e ROI

1( ) 2( ) 3( ) 4( )   Agrupamos consumidores de acordo com modelos preditivos

1( ) 2( ) 3( ) 4( )   Somos criativos no uso dos dados first, second e third party

1( ) 2( ) 3( ) 4( )   Testamos diferentes modelos estatísticos em paralelo

Agora é só somar e marcar sua posição na régua (entre 0 e 20)

[00]   [05]   [10]   [15]   [20]

O teste completo pode ser encontrado no final deste livro ou no site www.marketing-ia.com

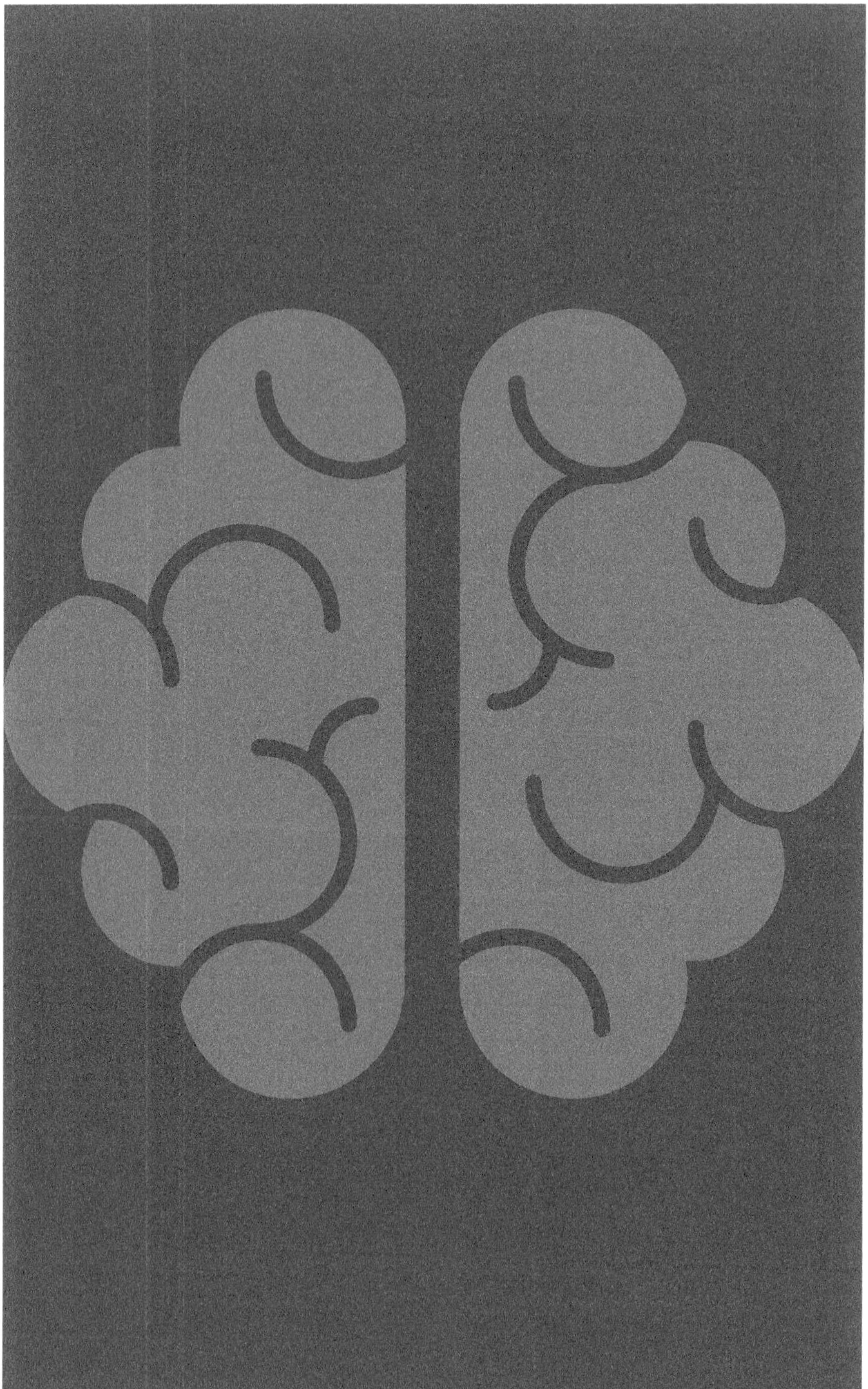

PARTE II

Nas próximas histórias vou suprimir a parte técnica de modelagem, acurácia, regressão e cálculos para focar nos problemas de negócio, na criatividade e nas aplicações de IA recheadas de estatística e computação.

CAPÍTULO 8:

Offline, Social & Data-driven"

Vendedores, Gestores, Redes Sociais e NPS

> *A melhor maneira de prever o futuro é inventá-lo"*
> **Edwin Catmull**, cofundador da Pixar e presidente dos
> Estúdios Disney, em seu livro *Criatividade S.A.*

INTELIGÊNCIA ARTIFICIAL EM MARKETING E VENDAS

A HISTÓRIA A SEGUIR É DE OUTRA GRANDE SEGURADORA — DESSA VEZ TRADIcional — que se aplica a qualquer gestor de equipe, de todo setor, de montadoras até farmacêuticas, consultorias, bancos e varejistas. Trata-se de uma história de marketing elevado à IA porque usa modelos preditivos para se comunicar com as pessoas — que, neste caso, são os corretores — de forma relevante, entregando altíssimo valor para desempenharem sua função.

Embora tenha sido um projeto do CEO com apoio forte do RH, ele foi tocado pelo time de marketing, pois eram os que tinham maior capacidade de trabalhar com dados e, principalmente, pela preocupação do CMO com a gestão de uma equipe motivada para vender mais. Essa atitude do CMO é crucial em empresas B2B (*Business to Business*), pois são vendas entre empresas onde o marketing tem um papel de menor exposição na frente de batalha, ajudando o time de vendas na sua preparação.

HISTÓRIA 1: Seguradora tradicional

Primeiro problema de negócio: pedidos de demissão (*turnover*) dos vendedores

Contexto: neste negócio, entre as seguradoras e os consumidores existem os corretores e as corretoras. O mesmo acontece no mercado de carros, com os vendedores e as concessionárias, idem nas imobiliárias e em tantos outros. Essas pessoas, em geral, recebem grande parte do salário de acordo com a performance das suas vendas, ou seja, ele é variável.

Esse vendedor/representante/corretor tem de ser muito bem treinado para representar a loja/concessionária/corretora perante os clientes. Por isso, depois de um processo seletivo cheio de entrevistas e testes, o novo funcionário participa de dezenas de treinamentos.

O problema é que, depois de algum tempo, quando o vendedor (a) está em velocidade de cruzeiro, recebe uma oferta da seguradora concorrente e vai embora.

Todo o tempo investido para encontrar, entrevistar, contratar e capacitar foi por água abaixo. Pior, ele levou uma agenda cheia de dados de clientes e interessados para ligar quando estiver do outro lado. Tempo e dinheiro foram desperdiçados e lá vamos nós contratar outro vendedor.

Richard Branson, fundador e CEO da Virgin, uma vez disse: "Treine as pessoas bem o suficiente para que elas possam sair, trate-as bem o suficiente para que não queiram." Mas o desafio no mundo dos negócios é saber o que é **"tratar bem"**, pois cada pessoa pode ter uma motivação diferente. Do salário até horário, endereço, cadeiras ergonômicas, chefes etc.

Assim como é improvável alguém acordar com a inédita ideia de cancelar um plano de telefonia celular, ninguém acorda do nada e pede demissão. A empresa precisa ser capaz de prever essa demissão e, ainda, a partir dos atributos correlacionados a esse evento, melhorar o negócio.

Esse caso é uma luz no fim do túnel para muitos profissionais de vendas: eu mesmo, quando fui gestor de vendas de uma empresa, tinha como meta aumentar o número de ligações dos vendedores. Isso porque algum chefe do meu chefe achava que mais ligações geravam mais vendas. Será? A partir de um trabalho bem feito, com dados e predição, a empresa pôde não só aconselhar nas melhores tarefas, mas fazê-lo de forma transparente, explicando por que algumas atividades resultaram em melhores vendas e melhores vendedores. Isso dá credibilidade.

O modelo

Foi criado um modelo para **prever as chances de os corretores pedirem demissão.** Com essa informação em mãos, a corretora de seguros foi capaz de:

A) **Antecipar-se** ao pedido: às vezes uma boa conversa com o chefe ou o RH pode resolver. Quem nunca se arrependeu depois de trocar de emprego? Ou criou bolas de neve de preocupações na cabeça porque estava distante do chefe ou dos colegas?

B) Entender os **fatores** que levaram até o pedido de demissão, assim como os que levam ao caminho oposto (do sucesso), e assim caminhar ao lado de todos os funcionários, aconselhando-os. Quando se descobre, por exemplo, que altas taxas de conversão em novos segurados acontecem nas visitas que os corretores fazem no primeiro horário do dia, e que os treinamentos da hora do almoço estão relacionados aos posts tristes no Facebook, podemos sugerir um programa de incentivo à "primeira visita do dia" e outro para treinamentos em horários alternados etc.

C) **Agrupar** funcionários em grupos de acordo com propensão a pedir demissão e dar valor para a empresa, criando estratégias de inventivos para retê-los de acordo com cada perfil.

O modelo desenvolvido (tabela a seguir) tinha nas entradas dados demográficos de negócio e até dados das redes sociais. As saídas eram pedidos/não pedidos de demissão.

Entradas:
- **Demográficos** (do cadastro): idade, gênero, filhos, cidade, bairro, imóveis etc.
- **De negócio:** pedidos, visitas, treinamentos, cotações, ligações, intranet, extranet, número de prospecções, follow-ups, reuniões, negociações.
- **Redes sociais:** traços de personalidade a partir de posts: palavras, horários, frequência etc.

Saídas:
- Pediu demissão
- **Não** pediu demissão

Aplicações:

1. Antecipação ao pedido de demissão

Diferentemente do marketing B2C, onde se constroem mensagens, enviam e-mails, ligações e outras atividades quando se percebe que o churn está próximo, evitando um potencial cancelamento, nos modelos orientados a pessoas é muito difícil reverter o churn de quem já está prestes a pedir demissão.

Incentivos financeiros para quem está de saída costumam funcionar por pouco tempo e ainda desestimular outros funcionários, criando uma percepção de que "só ganha aumento quem pede para sair".

O que descobriram foi que uma boa conversa funciona muito bem quando os primeiros sinais de propensão à demissão aparecem. O problema é que nesse modelo de negócio as pessoas estão na rua e leva um bom tempo até o gestor perceber esses sinais. Na verdade, ele raramente percebe. Os dados para encontrar a propensão conseguiram antever em **algumas semanas** esses pedidos. Uma boa conversa sobre a empresa, o futuro e a importância daquela pessoa foram essenciais para reduzir o churn.

O modelo foi além:

2. Aconselhamento

Uma regra clara, provada na seguradora: o que incentiva o pedido de demissão é a redução na remuneração. O que não é claro para as pessoas é que, dentre as várias tarefas do dia a dia de um corretor, muitas coisas que ele não vê e não faz poderiam ter levado ao sucesso nas vendas. Ele pode, por exemplo, estar tão focado em uma única venda de alto valor e baixo potencial de conversão que esquece de nutrir outras vendas que tinham alto potencial ou que, de repente, estavam geograficamente longe da sua rota de visitas. Ele simplesmente não viu.

É impossível para uma cabeça só cruzar o a) potencial da venda (de acordo com as características do potencial consumidor) com b) as tarefas do dia a dia que o levariam ao sucesso (maior propensão a converter melhores vendas) e c) seu momento na empresa (engajamento ou desligamento).

Para resolver b) tarefas que levam até o c) engajamento, foi desenhada uma matriz de aconselhamento para sugerir tarefas para cada tipo de vendedor de acordo com seu grupo.

Corretores foram elencados de acordo com suas **tarefas** (dia a dia), **CLV** (potencial de trazer negócios) e, principalmente, **evolução** ao longo do tempo. Exemplos de agrupamento de corretores são:

- ▶ **Grupo vaca leiteira**: engajados, lineares, sempre trazendo negócios de alto valor;

- ▶ **Grupo agressivo**: alto engajamento e grande volume de vendas de baixo valor;

- ▶ **Grupo resgate**: já foram de alta performance, mas estão em declínio, seja no volume, valores ou frequência irregular de cotações;

- ▶ **Grupo upgrade**: corretores que são potenciais para alta performance, pois trilham o mesmo caminho em tarefas (engajamento), mas que ainda não realizaram grandes vendas.

Logo de cara, essa classificação foi muito importante para os gestores. Eles notaram que muitas vezes estavam se restringindo a dar atenção apenas aos corretores de alta performance. A simples melhora na dedicação de tempo a corretores upgrade e resgate já geraram resultados.

Os gestores sabiam, por exemplo, que a forma de incentivar um corretor upgrade não era apenas pagando um almoço, dando uma palestra motivacional ou gritando "Vamos conseguir!", mas com aconselhamento de visitas fora da rota geográfica, ligação telefônica no período da tarde, treinamento de uma determinada capacidade etc. São "pontos cegos" que a corretora pode ver e sugerir para seus corretores.

Como em qualquer negócio dessa natureza, é muito comum que as vendas iniciais aconteçam entre amigos, conhecidos e parentes. Depois de um certo tempo, porém, todo corretor tem de aprender a navegar no mar aberto e

OFFLINE, SOCIAL & DATA-DRIVEN"

prospectar desconhecidos. Esse também era um critério utilizado nos agrupamentos: entre amigos ou mar aberto.

Aprendemos que quanto mais os corretores usam os aconselhamentos, melhor é o desempenho deles e menor é o churn. Embora seja um projeto recente, já pode ser observada uma **redução pela metade no churn de funcionários**.

Entre os gestores existe uma agitação para que essa seja eleita uma das melhores empresas para se trabalhar no concurso do próximo ano. Isso é muito bom porque o que faz uma empresa ser boa para trabalhar não são pufes coloridos com escorregador na recepção. Boa é a empresa que dá melhores condições para seus funcionários fazerem o seu trabalho.

3. Prospectar as pessoas certas

Na segunda fase do projeto, a seguradora atacou o problema da **qualificação de leads**.

Para ajudar os corretores a priorizarem visitas a clientes com maior propensão à aquisição de um seguro, bem como evitar que desperdicem tempo com interessados de baixa propensão, foi criada uma aplicação para calcular a probabilidade de compra usando inteligência a partir da correlação entre vendas (saídas) e diversos dados (entradas), como, por exemplo, renda, bairro, profissão, estado civil, número de filhos etc.

Isso ajudou o corretor a evitar pontos cegos, como, por exemplo, focar em uma venda que ele tem muita certeza por intuição, mas que o sistema de predição desconfia, enquanto esquece de outros interessados, deixando pratos caírem.

Em uma empresa **farmacêutica** que aplicou modelo semelhante, os médicos a serem visitados pelos representantes eram classificados, assim como os consumidores da seguradora. O que me chamou a atenção foi a existência de um campo no formulário para o representante incluir no sistema o que ele acreditava ser o potencial daquele médico. Assim, experiência e intuição da equipe também eram levadas em conta na construção do modelo.

No final do ano era gerado um ranking por representante que comparava as apostas dos que seriam os melhores médicos segundo o que representante previu no início do ano, versus a mesma lista de médicos de acordo com o modelo preditivo no final do ano.

Os motivos das diferenças entre as listas eram apresentados para que todos pudessem aprender. Por exemplo: os critérios "número de filhos" e "horário de entrada no consultório" foram determinantes na variação entre o que o laboratório e o representante consideravam chave para um médico ter alto potencial de prescrição.

Da próxima vez, o representante estará mais atento a isso e fará um melhor planejamento de visitas.

Redes sociais ≠ comprar mídia no Facebook

Voltando para a seguradora, você deve ter reparado que na tabela de entradas estão as redes sociais. Esse, para mim, é um dos melhores exemplos de uso do Facebook e do Twitter: **fontes de dados** para os modelos de propensão.

Embora em todo curso de marketing que eu procure as aulas de redes sociais se resumem a como comprar mídia no Facebook, aqui nós vamos além, usando dados para aprender, correlacionar e acionar. Isso é possível quando se tem uma **aplicação**, como um jogo, por exemplo, onde as pessoas conectam sua conta do Facebook e autorizam o uso dos dados para determinado fim. Os corretores autorizavam, cientes da finalidade do uso dos dados e do valor que isso teria para melhorar sua via e seus negócios.

O cuidado com o uso dos dados e privacidade é essencial para que não se repitam erros como o da Cambridge Analítica, quando o Facebook liberou os dados, inclusive dos amigos que não participaram dos jogos, para uso nos modelos e campanhas suspeitos de terem influenciado campanhas eleitorais. Para quem quiser se aprofundar na história, sugiro o documentário *The Great Hack*, na Netflix.

Redes Sociais ≠ Telefonia celular

Em 2006, Hill, Provost e Volinsky publicaram um estudo estatístico avaliando o efeito da "segmentação por amizade" na compra de mídia digital. Eles trabalharam em conjunto com uma empresa de telecomunicações — uma operadora de telefone celular — que possuía um enorme banco de dados dos seus clientes, com dados desde cadastro, passando por sofisticados modelos de propensão até campanhas de marketing e comportamentos de uso e compra de produtos e serviços.

Procurando uma forma de otimizar o investimento em mídia, eles testaram novas formas de criar audiências para anunciar seus produtos, além do já conhecido uso de dados demográficos e de propensão. Eles queriam saber o quanto as variáveis (entradas) de laços de amizade influenciavam a aquisição dos produtos (saídas) para calibrar melhor seus esforços.

O mais interessante desse caso é que, embora uma empresa de telefonia não seja uma rede social propriamente dita, como um Facebook ou Snapchat, ela **é uma rede** que possui em seu banco de dados o **comportamento social**, pois sabe quem liga para quem, quando, quantas vezes e por quanto tempo fala e/ou troca mensagens. Assim foram medidos o quão fortes eram as relações entre as pessoas.

Todos os usuários foram mapeados na enorme rede de conexões e divididos entre os que já adotaram o serviço anteriormente e os que nunca o adotaram. O foco dessa ação era, obviamente, nos usuários sem adoção, objetivando vender o serviço para eles. Desse tipo de usuário havia duas opções:

A) Pessoas cujos amigos já adotaram os serviços;

B) Pessoas cujos amigos não adotaram.

Duas campanhas idênticas, porém com estratégias de dados, foram executadas. Na primeira, a construção das audiências seguiu o agrupamento tradicional. Na segunda, usaram as mesmas variáveis, porém dividiram em dois subgrupos, adicionando o critério de amigos que usavam ou não usavam o serviço.

As chances de conversão no grupo sem amigos usando o serviço (após visualizar o banner) era de 0,28%, enquanto no grupo com amigos utilizando o resultado era 5 vezes maior: 1.4%.

Dessa forma, objetivando um melhor retorno sobre o investimento, ao aplicar a variável "amigos usando sim/não" na construção do targeting (audiência), o resultado esperado era 5 vezes melhor.

Figura 39: a rede de relações em companhia telefônica se provou variável essencial na construção de audiências

Essa história chama a atenção, porque além de usar os modelos de propensão, incluindo a nova variável dos amigos, ela é baseada em um processamento de dados de milhões de clientes, multiplicado por centenas de colunas de variáveis. Essa união de estatística, computação e criatividade — ao entender que uma operadora também é uma rede social — fez esse marketing ser elevado à IA.

Cuidado com o gorila no jogo de basquete

Lá vou eu contar outra história de macacos. Em experimento realizado em 1999[1] por Christopher Chabris e Daniel Simons, os participantes eram convidados a

---

1   www.theinvisiblegorilla.com

assistir a um vídeo de um jogo de basquete e anotar quantas vezes as pessoas de camiseta branca trocavam a bola entre si. De tão focado que estavam nas cores das camisas e na contagem, não perceberam que entrava em cena um homem vestido de gorila, passando diversas vezes entre os atletas.

Você não vai conseguir perceber isso ao tentar replicar o experimento porque eu já contei que tem um gorila no vídeo, mas pode tentar com um amigo: não conte do gorila e diga que é apenas para contar os passes. Quando terminar o vídeo, pergunte se ele viu o gorila e ele muito provavelmente dirá: "Que gorila?" Você vai rir porque o gorila estava ali o tempo todo, na cara dele e ele não viu. No experimento com milhares de pessoas, metade não viu o gorila que ficou à vista por nove minutos.

Isso acontece o tempo todo nas nossas vidas e a forma como usamos os dados pode ajudar as pessoas a ver que tem um gorila na sala.

Vamos supor que um divórcio anterior em menos de um ano é um fator crítico para que uma venda de seguro de vida não aconteça. Se o corretor fizer diversos almoços e focar na venda porque aquela pessoa é receptiva a ele ou é amigo de longa data e tem alta remuneração... e depois não fechar a venda, ele pode ter fechado as portas para outras oportunidades enquanto fazia isso. O gorila do divórcio estava ali e ele não viu nem perguntou. Ele deixou de abrir outros negócios com outros potenciais clientes (gorilas), porque estava olhando apenas para a bola (potencial cliente amigo e rico), sem saber que uma única pergunta "divórcio recente" poderia ter mudado totalmente o jogo.

Quando o corretor faz a primeira qualificação, e durante um almoço ou ligação, ele preenche uma primeira ficha de interesse, os dados rapidamente vão para o modelo preditivo da seguradora, que faz os cálculos de propensão para aconselhar o corretor.

Essa mudança nas equipes de vendas de todo tipo de produto, de software até imóveis, seguros e carros, está passando por uma revolução de causa e consequência. Eu vejo relatos todos os dias de vendedores reclamando que precisam preencher uma série de relatórios e realizar uma série de atividades, como, por exemplo, metas de ligações por dia, porque alguém disse que isso "vende mais".

Seria realmente esse o caso? Aqueles que ligam mais fecham mais negócios? Ou seria uma consequência de quem faz mais negócios ligar mais? Ou seriam essas só formas de controlar as equipes com relatórios infinitos?

Ouvi de um amigo — da área de vendas — uma paródia interessante. Segundo ele, os relatórios de vendas são como "pesar um porco" na fazenda. É isso mesmo: o fazendeiro, querendo ver o porco engordar, vai lá e pesa o animal. De tanto o chefe pedir, ele pesa de manhã, à tarde, à noite, vários dias seguidos. Até que, de tanto pesar e não usar seu tempo para alimentar o animal, o porco emagrece.

Começamos com macacos e terminamos com porcos. Essa, infelizmente, ainda é a vida de muita gente na área de vendas.

HISTÓRIA 2: banco de investimentos

Em um banco de investimentos, a melhora do trabalho e dos resultados dos assessores financeiros também foi possível graças ao trabalho elevado à inteligência artificial.

O problema de negócio era muito semelhante ao de muitas equipes de vendas: foco. Um assessor começa o seu dia com uma lista de mais de 200 clientes e precisa decidir para quais ele vai ligar. Ele confia na sua experiência e intuição para escolher, da lista, aqueles mais propensos a comprar um novo produto. Essa propensão baseada em intuição pode até funcionar, mas com dados, correlações e propensão estatística é possível ir além.

A empresa tem como objetivo aumentar o *share of wallet*. Isso porque a realidade é que clientes investem em ações e fundos de diversas corretoras ao mesmo tempo, sendo que cada uma tem uma fatia (*share*) da sua carteira (*wallet*). O segredo está em saber, a partir dos comportamentos dos clientes, quais os

melhores incentivos e o **melhor momento** para ligar para eles. Usando a propensão, corretores poderão ter foco em menos e mais ligações eficientes. Ao final desse projeto, a lista de 200 clientes foi reduzida para 50 ao dia, todos acompanhados de produtos a oferecer. Isso trouxe enorme ganho de eficiência para os assessores e resultados exponenciais para o banco.

Foram comparadas centenas de variáveis de entrada, desde tempo no site, no aplicativo, dados do cadastro (CRM), ligações, tipo de carteira etc. Todas comparadas com as saídas de aumento ou redução de investimento no banco. Um exemplo seria: clientes de alto valor que ficam mais de 5 minutos no site, sendo 2 minutos na página de extrato, possuem alta propensão a investir. Nós não julgamos o porquê das páginas, mas sabemos que essa combinação possui alta correlação com aumento de investimentos, e então atacamos.

Esses clientes com alta propensão a aumentar seus investimentos passavam por um segundo cálculo, o de propensão a produto e preço. As ofertas eram também sugeridas aos assessores.

O que mais me encanta nessa história é que descobriram, após alguns cálculos, que não existia relação entre o NPS (Net Promoter Score), conhecido como índice de satisfação em muitas empresas, e os novos investimentos dos clientes. Em outras palavras: acreditar que a melhora no NPS tem como consequência natural um aumento nos investimentos é um engano.

NPS – Net Promoter Score

Criado por Frederick F. Reichheld em 2003, o NPS ganhou destaque na capa da revista Harvard Business Review da época sob o título "O único número que você precisa para crescer". Segundo o estudo inicial, havia correlação entre fidelidade e lucro: quanto maior o NPS, maior o crescimento da receita das empresas.

A forma como ele é calculado nasce de uma pesquisa onde é perguntado ao consumidor "as chances de você recomendar esse produto/serviço/empresa a um amigo ou colega". As respostas em múltipla escolha variam de 0 a 10. O cálculo da nota NPS é feito da seguinte forma: pega-se o total de votos que deram nota 9 ou 10 (promotores), subtrai-se o total de votos que deram nota 1 a 6 (detratores), divide-se esse número pelo total de votos e se multiplica o resultado por 100. Perceba que os votos nas notas 7 e 8 (neutros) não contam no cálculo inicial, apenas no total de votantes.

Exemplo: de um total de 30 votos, se 20 pessoas derem nota 9 ou 10, enquanto outras 7 derem nota 7 ou 8, e outras 3 derem nota entre 1 e 6, o NPS resultante é [(20 - 3) / 30] × 100 = **56**.

Em artigo publicado na Harvard Business Review em 2019[2], Renato Mendes, em conjunto com o professor Thales S. Teixeira, alerta para o fato de que as empresas normalmente enviam questionários de avaliação de NPS após o final de uma experiência, perdendo a oportunidade de medir ao longo da jornada. Um exemplo que descrevem no artigo é o da reserva de quarto de hotel: a satisfação pode ser diferente no momento da reserva, no check-in, na entrada no quarto, no check-out e no pagamento. Enviar uma pesquisa semanas depois da hospedagem não será fiel à jornada, não tendo aplicação prática de melhoria da experiência.

No estudo, os autores citam uma empresa de cashback (cupons de desconto) que mediu a satisfação em todos os momentos até descobrir que a maior felicidade acontece apenas quando o usuário, lá no final da jornada, recebe o dinheiro na conta. Até então, do cadastro até o uso dos cupons, não há grande diferença. Eles usaram esse dado para enviar mensagens de "indique um amigo e ganhe" apenas para pessoas que estão nesse ponto da jornada, felizes com o dinheiro na conta. Essa ação resultou em um aumento de 119% no número de recomendações.

Essa história ilustra dois pontos importantes sobre NPS: o primeiro é o do uso dos dados. Para que serve medir o que todo mundo mede se você não aciona esse dado? Aqui, eles tomaram uma ação em cima disso para mudar o negócio.

---

2 https://hbr.org/2019/10/how-to-improve-your-companys-net-promoter-score

A segunda é o foco no problema de negócio: para crescer, a startup percebeu que investir em compra de mídia para adquirir novos consumidores era um custo proibitivo. Então adotou uma estratégia "de dentro para fora", usando dados até encontrar uma tática vencedora.

Uma série de outros estudos foi feita, usando muita estatística, defendendo que não há correlação entre a fidelidade medida pelo NPS e o aumento da receita nas empresas. Aqui o foco não é discutir os estudos, mas sim o uso do dado no marketing e nos negócios.

Figura 40: NPS

Então, para que serve o NPS?

NPS pode ser um instrumento e, melhor ainda, uma entrada para os modelos de inteligência artificial, nunca um fim em si. Acreditar que NPS é igual a satisfação com a empresa pode ser uma armadilha — como vimos no artigo de Renato —, assim como acreditar que haverá aumento nas vendas após a melhora de NPS pode ser outro erro. O NPS, como todo dado, deve ter um motivo para ser coletado e utilizado, como fizeram na empresa de cashback ou até mesmo no banco de investimento onde ele era apenas uma das entradas do modelo de propensão à compra.

Em artigo de 2009 sobre Blue Line Management, o professor do INSEAD, Kevin Kaiser, ao defender a gestão focada em criação de valor, conclui que "indicadores (KPIs — Key Performance Indicators — como o NPS) são apenas resultados observáveis de comportamentos após a influência de uma série de fatores randômicos, que acontecem a partir de diversas decisões de negócio." E prossegue: "Os resultados dos indicadores são determinados por fatores que possuem pouco ou nada a ver com ações tomadas pelos gestores da empresa. Em outras palavras, KPIs são, na melhor das hipóteses, **indicadores barulhentos do negócio.**"

Basear-se apenas nos KPIs como bandeira e acreditar que eles por si só impactarão o negócio — como no caso do NPS — é um pensamento muito restrito. Já o uso dos indicadores como dados em modelos de propensão (banco de investimentos) ou como estratégias de ação de marketing (cashback) podem ter um impacto real nos negócios.

TESTE!
O quanto elevado à IA é seu marketing?

(1- fazemos pouco até 4- fazemos muito)

1( ) 2( ) 3( ) 4( )   Com IA, ajudamos também nossos vendedores e funcionários no trabalho
1( ) 2( ) 3( ) 4( )   Utilizamos dados das redes sociais, além da compra de mídia
1( ) 2( ) 3( ) 4( )   Sabemos que NPS é apenas um indicativo barulhento e não um objetivo
1( ) 2( ) 3( ) 4( )   Abusando da estatística, também retemos e promovemos pessoas no time
1( ) 2( ) 3( ) 4( )   Com dados, já encontramos gorilas nas quadras de basquete

Agora é só somar e marcar sua posição na régua (entre 0 e 20)

[00]   [05]   [10]   [15]   [20]

O teste completo pode ser encontrado no final deste livro ou no site www.marketing-ia.com

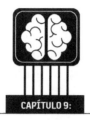

CAPÍTULO 9:

Revisando KPIs

*As revoluções no call center e nas vendas corporativas
baseadas em conceitos de Economia e muita criatividade*

O poder da geração de hipóteses

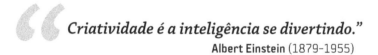

Criatividade é a inteligência se divertindo."
Albert Einstein (1879-1955)

QUANDO PENSAMOS EM INDICADORES DE PERFORMANCE (KPIS) DE OPERAções de call center cujo foco é a venda de um produto ou serviço, normalmente pensamos em conversão, tempo de ligação, número total de ligações e pedidos, dentre outros.

Na história a seguir — na mesma seguradora digital — foi feito um trabalho reverso: a partir da geração de hipóteses de quando se estudavam as motivações para churn foi levantada a seguinte questão: "E se o churn for consequência de características da venda?"

O interessante dessa suposição é que, quando encontrada uma evidência, ela pode fazer a diferença em toda a jornada: da aquisição até o relacionamento. A inteligência artificial está dando superpoderes às pessoas, pois se você pedir hoje a um operador de call center para "vender de forma a reter melhor o cliente", ele não conseguirá, porém, se for possível sugerir a ele palavras para falar que podem evitar um cancelamento futuro, será excepcional.

O **problema de negócio era o churn** e a **hipótese** era de que diferentes atendentes fazendo diferentes vendas no call center poderiam impactar o cancelamento. A seguradora queria entender o que foi falado pelo atendente no momento da venda, em que ordem, quando e como, que pudesse prever um cancelamento futuro.

O objetivo, assim como no caso dos corretores do capítulo anterior, era o **aconselhamento**. Em outras palavras, ajudar os atendentes do call center a utilizarem as melhores frases, a melhor ordem dos argumentos, construção, forma de comparar com a concorrência etc.

Via regressão logística, as saídas eram óbvias: dos que compraram pelo call center há quem cancelou ou não cancelou. O grande trabalho estava nas entradas. Além das variáveis estruturadas, como tempo, horário, atendente, horário da ligação, produto, idade do interessado, cidade etc., também foram incluídas as variáveis de diálogo com o atendente. Por meio de um software de fala–texto, os áudios eram transcritos em palavras para o cruzamento dos dados.

A sofisticação foi ainda maior quando a ordem das palavras foi considerada. Óbvio que a ordem deve ser de palavras que fazem sentido do ponto de vista cognitivo. A troca entre "bom dia, meu nome é Fernando" ou "Aqui é o Fernando, bom dia" são irrelevantes.

Entre as diferenças, a mais curiosa para mim foi a diferente conversão entre:

- ▶ "Nós somos a empresa X e somos parte do grupo Y. Somos digitais e inovadores."
- ▶ "Nós somos a empresa X. Somos digitais e inovadores"

Uma estratégia comum entre economistas é a **ancoragem**. Muito comum em negociações, ela parte da premissa de que se você quer vender sua casa por 100 mil reais, deve dizer ao primeiro interessado que está vendendo por 500 mil. Ele vai se assustar, mas você já jogou a âncora lá em cima. Graças ao inconsciente do comprador, ao longo da negociação você terá mais chances de vender por um preço mais alto. Agora, se você tivesse jogado a âncora em 110 mil tentando fechar em 100, teria maior probabilidade de vender por 70 ou 80 mil.

No exemplo da seguradora, pertencer a uma empresa maior foi uma forma de assegurar uma ancoragem de sucesso. A aplicação prática disso não foi de fazer atendentes decorarem o script, mas de entenderem instrumentos como esse, que garantem uma melhor venda e, o mais importante nesse caso, **reduzindo o cancelamento** futuro.

Uma série de outros argumentos foram classificados como positivos e negativos para cancelamento e churn. Todos foram comparados com o CLV dos consumidores a fim não só de reduzir o churn, mas o cancelamento naqueles clientes de maior valor. Os atendentes de call center receberam a lista de palavras sugeridas, palavras proibidas e até mesmo sugestões de sequência de argumentos.

Foi bom para todos: consumidores, atendentes, marqueteiros e, é claro, a seguradora.

O algoritmo nas vendas corporativas da Adobe

Vendas corporativas são aquelas feitas entre empresas (*B2B — Business to Business*). Embora seja entre pessoas jurídicas, é uma venda feita por pessoas físicas que passam pelos mesmos desafios dos corretores e vendedores de call center: a escolha dos melhores potenciais clientes (empresas), onde os vendedores devem investir mais do tempo esperando por mais vendas.

São ciclos mais longos e muitos duram meses ou até anos. Embora pareça desafiador, tem um lado bom: quanto mais a venda demora, mais dados há sobre o processo até o fechamento. Isso ajuda a calcular uma probabilidade que não se aplica apenas a uma venda pontual, mas também ao potencial de toda as empresas a prospectar.

Entrevistei Gabriela Viana, diretora de marketing da Adobe para o segmento corporativo EUA e também para a América Latina, que me explicou como a engrenagem funciona:

A estratégia se baseia no conceito de *Account-Based Marketing* (ABM) que é o marketing baseado em contas. Se sua empresa quer vender para outra empresa, do lado de lá não existe só uma pessoa, mas um conjunto de pessoas que decidem e outras que influenciam, chamadas de "contas". Podem ser pessoas desde marketing, vendas, compras, até arquitetura e dados, dentre outros. Quanto mais o mundo dos dados extrapola as fronteiras dos departamentos — e isso é bom —, do outro lado complica a vida dos vendedores de tecnologia que precisam unir as diversas áreas em consenso para a compra e o uso das plataformas.

O algoritmo reúne as diversas pessoas da empresa compradora dentro das contas e as cerca com o máximo de dados para aprender sobre a propensão. Nas entradas estão acessos ao site, cadastro e participação em eventos (digitais e físicos), cliques, downloads de estudos e casos de sucesso, participação em blogs, visitas engajadas (critério tempo), abertura e clique de e-mails, produtos adquiridos no passado (incluindo duração e uso), além de dados do perfil das pessoas fornecidos nos cadastros e pelos vendedores.

Todas essas entradas, quando comparadas com o histórico de vendas (saídas), criam um conjunto de regras de propensão para ajudar os vendedores a, por exemplo:

- ▶ Ligar para potenciais clientes que eles ainda não tinham considerado;
- ▶ Conversar com clientes atuais onde existe probabilidade de novas vendas;
- ▶ Melhor qualificar sua lista de potenciais clientes e oportunidades de vendas;
- ▶ Encontrar "espaços em branco" ou novas oportunidades de fazer negócio.

O algoritmo é revisado mensalmente e os modelos são atualizados não só conforme as oportunidades evoluem, mas incluindo mudanças no mundo do marketing. Um exemplo recente aconteceu na nova calibragem do algoritmo para entender as mudanças dos eventos que eram físicos e que passaram a ser virtuais no período da Covid-19.

Nas palavras da diretora de marketing, Gabriela Viana, "o algoritmo ajuda os vendedores a enxergarem além da intuição. É como se fosse um chip de upgrade no cérebro que inclui uma visão que atravessa paredes para enxergar oportunidades". Isso é bom para todo mundo: desde o vendedor que bate suas metas, passando pelo marketing, que vê uma melhora na sua eficiência.

Isso ajuda a reduzir a subjetividade das atividades de marketing.

Call center utilizando probabilidade em tempo real

Na história acima, os cálculos eram feitos mensalmente, mas, em minhas entrevistas, encontrei uma das **maiores empresa de call center do planeta**. Líderes em customer experience, são enormes e possuem uma cabeça muito orientada a dados. Para eles, "qualquer centavo por minuto aqui ou ali representa milhões no final do mês".

Eles são obcecados em fazer com que as interfaces, tanto de call center como *chatbot*, sejam cada vez mais conversacionais. Por isso contratam não só cientistas de dados e estatísticos, mas também atores, linguistas, antropólogos e roteiristas de peças de teatro para criar os textos das suas interfaces.

Acima disso, há um objetivo de reduzir o tempo de atendimento — o que pode parecer estranho para uma empresa de call center, pois, na maior parte dos casos, eles cobram pelo tempo de pessoas dedicadas a atender consumidores. Mas, aqui, eles querem cada vez mais participar dos negócios dos clientes e assim mudar também sua remuneração contando, também (por exemplo), com as conversões. Tudo isso nasce da visão da empresa e se espalha em iniciativas de dados.

Duas iniciativas me chamaram muito a atenção:

A primeira foi a **personalização da URA** que, antes mesmo da identificação feita pelo usuário, já atendia dizendo "sua conta está paga, caso queira prosseguir digite 1". Parece uma frase forte, não é? Ela já disse isso antes mesmo de o usuário digitar seu CPF ou falar qualquer coisa. Após rodar e testar o modelo diversas vezes, eles encontraram uma jornada de consumidor que era muito característica e fácil de prever: usuários que sempre pagam em dia, mas que de repente atrasam um pagamento. Quando ligam, pessoas com alta probabilidade de se encaixarem nesse tipo não ficavam um tempo desnecessário se identificando e apertando botões apenas para ouvir que "está tudo bem com a sua conta". Esses preciosos minutos, multiplicados por algumas centenas de casos por semana, trouxeram uma economia de alguns milhares de reais por ano a uma operadora de TV por assinatura.

A segunda é a do **medidor de stress**: normalmente, quando terminamos uma ligação no call center de uma empresa, recebemos o convite para avaliar aquele atendimento. Sempre achei que isso era um tipo de pesquisa de satisfação que, juntamente com outras centenas ou milhares de ligações, daria uma nota para a equipe de call center. Seria só mais um indicador de desempenho dentre vários que os executivos consultam uma vez ao mês e pronto, para mim a história terminava aí.

Aprendi com essa empresa de call center, no entanto, um fato interessante: juntando as avaliações dos consumidores com aquelas que os atendentes também fazem após uma conversa, eles conseguem mapear ligações de acordo com o stress: se foram ligações boas ou estressantes.

Assim foram classificadas as saídas do modelo: estressado, sim ou não.

As entradas são imagens das ondas de áudio. Sim, a empresa compara milhões de imagens de áudios e, por meio da criação de algoritmo de nível de stress, sabe em milésimos de segundo se o cliente está falando com o atendente com alto ou baixo stress.

Esse dado, então, é comparado com o CLV do cliente e, caso exista alto stress combinado com alta propensão a cancelamento em cliente de alto CLV, um atendente mais sênior, melhor preparado e com condições melhores de negociação entra na linha. O atendente anterior sai da ligação enquanto os ninjas da célula especial resolvem o caso.

Essa abordagem proativa de resolver problemas é genial, pois consegue reverter centenas de casos por dia ao identificar a propensão ao stress logo no início. Se esse trabalho não fosse feito, o cliente provavelmente teria de passar por alguns atendentes, além de digitar várias vezes o seu CPF, até chegar — muito mais estressado — em um atendente da célula especial.

Um fato marcante dessa história é que o custo das ferramentas que transcrevem áudio em texto, quando multiplicados por milhões de ligações, eram milionários. A ideia da análise de imagens empurrou a necessidade da ferramenta voz–texto para uma segunda etapa, reduzindo seu uso e economizando algumas centenas de milhares de reais por semana.

A criatividade, mais uma vez, foi chave para a criação de uma técnica inovadora, reduzindo custos e melhorando o atendimento às pessoas. Aliada ao poder computacional e propensão/estatística, criou um ótimo caso de negócio elevado à IA.

Daqui para a frente, quando alguém falar que o custo de uma plataforma de marketing é proibitivo, lembre-se dos casos deste capítulo para pensar alternativas inteligentes, que possam criar valor para as pessoas e capturar valor para as empresas. Isso sempre é possível, basta parar para pensar e aprender antes de usar as ferramentas.

Além disso, quando alguém justificar a manutenção de um trabalho "como sempre foi feito" porque "é impossível medir tudo", desconfie, seja criativo, crie hipóteses e vá investigá-las.

Figura 41: é impossível medir tudo?

CAPÍTULO 10:

Modelos avançados de métricas e otimização – mix, variância e atribuição

O fim do "é impossível medir tudo"

> " *A diferença é diferença somente quando ela faz a diferença.*"
> **Darrell Huff** – autor do livro Como Mentir com Estatística

NO CENTRO DA PROPOSTA ELEVADA À IA ESTÁ O USO DE DADOS PARA TOMADA de decisões de negócio. Conforme navegamos neste livro, já nos livramos do simples olhar para uma ferramenta de Analytics comemorando números que sobem e reclamando de números descem. Já aprendemos o quanto o papel da propensão é chave nas decisões, prevendo o futuro para nossa ação.

Ao avançarmos nas técnicas, dois modelos-chave de métricas são frequentemente mencionados. O primeiro é a atribuição e o segundo, o Media Mix Modeling (MMM).

Começando pela atribuição, ela se tornou bastante difundida ao tentar resolver o problema do crédito exagerado dado ao último clique. Explico: as pessoas são impactadas por mensagens em diversos meios, de TV, rádio, navegação no site e comentários dos amigos, até que, quando decidem pela compra, procuram por aquele produto e clicam no link patrocinado do site de buscas. Como muitos anunciantes só medem a parte digital do seu plano, acabam dando todo o crédito daquela venda para a tática de link pago, quando, na verdade, as outras interações também influenciaram e não ganharam crédito pela venda.

A partir desse tipo de análise, anunciantes são capazes de melhor distribuir seu orçamento de mídia de acordo com o peso de cada ponto de contato da jornada do consumidor até a compra. Uma ótima referência é o guia de atribuição do IAB Brasil[1].

Embora seja de extrema importância para trazer eficiência na compra de mídia online, a atribuição é "intradigital", já que captura e analisa os dados resultantes de pontos de contato **digitais,** como visualização de banners, cliques, visitas a sites, e-mails, buscadores etc. Por ser baseada nesses eventos digitais (gatilhos), quando se procura uma forma de medir os acontecimentos do mundo físico ela frequentemente recorre às representações digitais mais próximas do mundo físico. São elas:

---

1 https://iabbrasil.com.br/wp-content/uploads/2018/10/Ebook-IAB-Modelos-de-Atribui%C3%A7%C3%A3o-link-adjust.pdf

MODELOS AVANÇADOS DE MÉTRICAS E OTIMIZAÇÃO – MIX, VARIÂNCIA E ATRIBUIÇÃO **189**

▶ A correspondência entre o cookie do usuário (identificador de navegação) e o dado de localização do celular (quando compartilhado);

▶ O uso de beacons – dispositivos que emitem sinais para serem capturados por aplicativos quando o bluetooth está ligado;

▶ Gráficos de audiência que associam endereços de e-mail a números de telefone no banco de dados para posterior cruzamento.

Modelos de atribuição são muito importantes, mas precisamos de outras soluções na nossa caixa de ferramentas para melhor medir os canais não digitais.

O pulo do gato está em confiar na estatística para, sabendo que não é possível medir diretamente toda interação, fiar-se no processo que usa a análise dos dados diretos/tangíveis (acessos, visualizações, cliques etc.), ao mesmo tempo em que inclui os indiretos/intangíveis (ver anúncio na TV, ouvir no rádio etc.). Isso pode ser feito com modelos avançados Mix Media Modeling para a melhor tomada de decisão de investimento.

O MMM é muito usado em empresas que possuem diversas linhas de produtos e marcas. Operadoras de telefonia celular conseguem, por exemplo, otimizar o investimento por produto e por canal: elas conseguem decidir quando e onde devem apresentar a propaganda institucional da marca, a campanha de pré-pago ou a de pós-pago.

O mapa de "X" e o segredo da variância

Quando o profissional de mídia de uma agência de propaganda monta seu plano de inserções — até hoje chamado de "mapa de X" —, ele desenha uma grande tabela onde as linhas são canais e programas (emissora de TV, programa de rádio, canal de vídeo online, novela das oito etc.) e as colunas são os dias, semanas e meses. Dessa forma é possível visualizar durante o período de uma campanha onde e quando serão apresentados os anúncios aos consumidores.

Os critérios para distribuição das linhas e as marcações de X normalmente são a performance passada e a relevância de acordo com a audiência. Aqui (diferentemente dos capítulos anteriores), audiência são as pessoas que assistem aos programas de acordo com institutos de pesquisa.

Segundo pesquisas contratadas pelos veículos de mídia, seus programas são classificados com base demográfica. Exemplo: programas para jovens, mulheres, homens, culinária etc. Foi assim que emissoras, revistas, jornais e até veículos digitais criaram seus "mídia kits", que incluem tanto o perfil do público como a audiência desses programas (quantas pessoas atingem).

Para construírem melhores planos, os profissionais fazem recomendações usando estudos de audiência (Ibope e ComScore) e de afinidade (Marplan e TGI) e balizam o uso da verba de acordo com o GRP.

O GRP (Gross Rating Points — pontos de audiência bruta, em português) é uma simples equação matemática utilizada para quantificar a visualização dos anúncios. Seu cálculo é feito a partir da multiplicação da percentagem da audiência alcançada naqueles programas pela quantidade de inserções nos mesmos programas, de acordo com o plano de mídia. GRP = alcance x frequência. Já o Target Rating Point (TRP) é a mesma fórmula, porém alterando o denominador de "população total" para "população total do target", ou seja, em vez do domicílio é o indivíduo.

O planeamento de compra de mídia tradicional se baseia em uma corrente que começa lá no instituto de pesquisa que fez seu trabalho, usando amostragem, para conhecer o público e a audiência de cada programa. Para se ter uma ideia, a forma como se mede a TV é feita por meio da instalação do equipamento "Peoplemeter"[2] nas casas. Esse aparelho, via reconhecimento sonoro, entende em qual canal aquela TV está sintonizada e transmite isso para o instituto de pesquisa. A tecnologia é incrível, mas em São Paulo, por exemplo, são

---

2   https://www.techtudo.com.br/noticias/noticia/2012/11/saiba-como-e-medida-audiencia-da-televisao-brasileira.html

MODELOS AVANÇADOS DE MÉTRICAS E OTIMIZAÇÃO – MIX, VARIÂNCIA E ATRIBUIÇÃO

apenas 750 domicílios com o equipamento instalado, perto de quase 20 milhões de habitantes.

Estatisticamente a amostra é válida e não estou criticando isso. Meu ponto é um só: há um longo caminho desde as 750 TVs, passando pela coleta desses dados, análise, construção dos kits, negociação e compra de mídia com antecedência até a execução da campanha. Todo esse processo constrói um olhar no espelho retrovisor que se transforma em um mapa de X.

Nada aqui é preditivo.

Tudo aqui é de fora para dentro.

Há uma premissa comum de que quanto maior o esforço em mídia, melhor para as vendas.

As vendas são consequência de tantas variáveis, como a experiência em loja, no site etc., que muitos profissionais de marketing seguem fazendo como sempre se fez. E o mundo segue. Por outro lado, há aqueles profissionais curiosos e analíticos — bem como suas agências — que já aplicaram **variância** nos planos de mídia procurando fazer métricas mais inteligentes. Esse é o primeiro passo.

Já faz alguns anos que participei do projeto de uma companhia farmacêutica onde foi sugerida a distribuição de amostras grátis de um produto para respiração. Munidos de estudos que comprovavam a relação entre experimentar e continuar usando — incluindo o de que valia a pena um alto custo de aquisição quando comparado ao CLV dos novos consumidores —, foi lançada uma campanha apenas em meios digitais para a distribuição de 200 mil amostras grátis. Embora o prazo para distribuir fosse de um ano, as amostras foram entregues em três meses.

O sucesso foi tão grande que a agência recebeu um novo desafio: distribuir mais 200 mil amostras.

Após algumas semanas, a campanha digital perdeu efeito e os pedidos se estabilizaram. Mesmo aumentando a frequência e o perfil da audiência, nada mudou. Mesmo aumentando o custo de aquisição, chegou-se ao teto do alcance digital.

Começou, então, a expansão para outros meios, como rádio, TV e anúncios em jornal. Por ser um time de origem digital e ávido por métricas, as inserções foram **intercaladas**: no dia da TV não tinha jornal e assim por diante. O fato de os anúncios terem links diferentes ajudava a medir, mas não garantia precisão, porque muita gente acabava por fazer uma busca e clicar no link patrocinado, em vez de anotar o endereço do site quando está ouvindo, por exemplo, o rádio.

Nesse período, os resultados por canal eram analisados **semanalmente** e os veículos de mídia eram avisados se deveriam veicular o filme "awareness" (sem aviso de amostra grátis) ou "varejo" (mesmo filme, com aviso de "peça sua amostra grátis"). Isso era importante para controlar o custo de aquisição, bem como não explodir a quantidade total de amostras disponíveis.

Em menos de um mês, as novas 200 mil amostras grátis foram entregues. Outro sucesso.

Com essa solução — ainda bastante manual, confesso — seria possível usar os dados de acesso e cadastro do site para um novo planejamento de mídia digital e tradicional.

Como as compras de mídia tradicional já tinham sido feitas com grande antecedência e em grandes volumes, no primeiro ano o time pôde apenas trocar anúncios entre as mensagens de marca e promocional. Mas, para o segundo ano, abriu-se uma porta para um planejamento totalmente novo, baseado no aprendizado dos cadastros, de dentro para fora.

A otimização só foi possível graças à criatividade do time e ao formato intercalado do plano de mídia. Só com a variância foi possível executar tal estratégia.

A farmacêutica dessa história é a GSK e o produto distribuído foram os adesivos Respire Melhor. Nas palavras de seu presidente à época, Gilberto Ugalde: "A chave do sucesso foi, em vez de começar pensando em qual mídia usar, **focar no resultado esperado** da ação: aumentar a experimentação. O time da agência

MODELOS AVANÇADOS DE MÉTRICAS E OTIMIZAÇÃO – MIX, VARIÂNCIA E ATRIBUIÇÃO

usou dados de consumo e impacto da mídia para adaptar em tempo real a execução do plano. Criou-se, assim, um **círculo virtuoso**, que, mesmo com ferramentas analíticas menos sofisticadas do que as que existem hoje (com IA), foi eficaz ao usar a informação e transformá-la em resultado imediato, muito mais rápido do que esperávamos."

Media Mix Modeling

O MMM é o método científico capaz de entender o efeito do composto de canais de mídia na geração de resultados, exatamente como fizemos no capítulo "o quanto de algo" usando regressão linear múltipla. Através dele é possível entender a melhor combinação entre os diferentes canais de mídia (entradas) para os objetivos do negócio (saídas).

Os modelos mais sofisticados, como os que vi nas companhias telefônicas, incluem, além dos canais de mídia online e offline: o esforço da concorrência (GRP), a cobertura das operadoras (por produto, região e cidade), o comissionamento dos parceiros, as lojas e até mesmo as menções em matérias na imprensa.

O MMM consegue combinar online e offline por utilizar tanto as medições digitais como também da análise da **variância** dos dados offline.

Para ilustrar a importância da variância, fiz um teste grosseiro modificando os dados da planilha de TV que apresentei no capítulo de regressão linear. Coloquei todos os investimentos com o mesmo valor de 200, exceto três células, onde apliquei os valores 300, 250 e 150.

De acordo com o resultado apresentado na Figura 42, a linha de tendência continua ascendente e você pode até notar que há uma equação para fazer previsões, porém veja que o R2 é de apenas 0,01, ou seja, essa relação em quase nada explica as vendas.

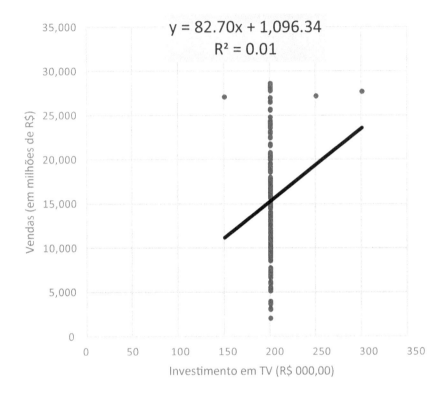

Figura 42: regressão linear sem variância e R2 de 0,01

Embora simplista, esse exemplo se assemelha a muitas campanhas e "mapas de X", onde são selecionados alguns veículos para investimento constante. Planos lineares com pouca variância, daqueles muitas vezes construídos apenas olhando para o GRP, não podem ser utilizados para essa análise.

Pode parecer contraintuitivo para muitos profissionais de marketing, afinal, se aquele veículo "funciona", o investimento deveria ser constante. Mas não é. A elaboração dos planos deve levar em consideração variações no planejamento e na medição.

O caso Telecine: marca + performance

A empresa brasileira Ilumeo[3] é especialista em ciência de dados e faz modelos de MMM usando técnicas como regressão linear, regressão logística, séries temporais e outros modelos bem sofisticados. Eles trabalham, por exemplo, com o modelo de geração de leads, por entenderem que este é o início de uma jornada de engajamento entre o consumidor e a marca cuja conversão depende de outros fatores que não somente a comunicação que os levou até lá. Um consumidor que não compra porque teve uma experiência ruim no call center não seria considerado nessa análise.

Um dos clientes da Ilumeo é o hub de cinema Telecine, streaming de filmes que reúne o maior e mais plural catálogo da marca líder na TV por assinatura. Durante as entrevistas para construir este livro, tive a felicidade de conversar com os sócios da Ilumeo (Otavio Freire e Diego Senise) que me levaram até um bate-papo com o presidente do Telecine, Eldes Mattiuzzo.

Referência em cinema no Brasil desde 2017, o Telecine oferece ao usuário a possibilidade de contratação direta do serviço de streaming. A oferta ao consumidor, assim como operam outros players do mercado nacional e internacional, ampliou e diversificou o alcance e o engajamento da marca. Com a chancela de ser sinônimo de cinema para o público brasileiro, DNA cinéfilo e curadoria que alia tecnologia, Telecine alcançou um lugar de destaque na acirrada disputa da guerra dos streamings.

O desafio do Telecine na criação do MMM era o de medir tanto a mídia de awareness como a de performance, justamente porque a empresa tem dois desafios de negócio muito característicos da sua origem:

---

3   www.ilumeo.com.br

- ▶ A marca tem enorme conhecimento do público e reputação no território de filmes. O fato de a empresa ser uma joint venture entre a Globo e os maiores estúdios de Hollywood reforça isso;
- ▶ Ao mesmo tempo, sua notoriedade e associação de marca com a TV por assinatura, em um contexto no qual os canais eram considerados premium, o Telecine encontrou um cenário desafiador ao oferecer um produto acessível diretamente ao consumidor.

Ser uma marca ícone no segmento de filmes é bom, porém ser associada a preço elevado não é bom. A estratégia de varejo, anunciando preços baixos, deve ser muito bem encaixada com a de marca para não perder a parte boa da herança da marca, se desprendendo da lembrança ruim.

Nas palavras do CEO Eldes: "Enquanto o esforço em canais de performance não sustenta um negócio no médio e longo prazo, o esforço de marca sozinho não converte no curto prazo."

Uma das coisas que me chamam a atenção nesse trabalho é que, como metodologia da consultoria, eles incluem no seu processo a pesquisa de trabalhos científicos antes de iniciar o trabalho.

Nesse caso, por exemplo, eles estudaram a publicação científica "Mindset Metrics in Market Response Models: An Integrative Approach", de 2010, publicada pela Associação Americana de Marketing e de autoria de Shuba Srinivasan, Marc Vanhuele, e Koen Pauwels. O estudo foca nas interações entre dois tipos de abordagem que relacionei como marca e performance.

No estudo, os dados vieram de um sistema de performance da Kantar que integrou dados de diversas fontes, como pesquisas semanais de imagem de marca, pesquisas de compras, promoções, além de comunicação. Foram 74 marcas observadas entre 1999 e 2006 e comparados awareness, consideração e intenção de compra. Duas linhas foram combinadas: a dos efeitos diretos do marketing mix — eu chamo de comunicação de varejo —, e as de "mindset" como construção de marca/awareness. Nas conclusões, demonstram influência entre ambas, reforçando que awareness e performance podem andar juntos.

MODELOS AVANÇADOS DE MÉTRICAS E OTIMIZAÇÃO – MIX, VARIÂNCIA E ATRIBUIÇÃO

Isso torna a vida de quem faz as métricas mais trabalhosa, porém melhor e mais emocionante.

O MMM do Telecine segue pelo mesmo caminho e consegue dividir as sugestões de investimento em mídia, tradicional e digital, de acordo com os resultados de uma análise que cuida para que a intenção de compra do consumidor seja construída com o melhor dos dois lados: construção de marca e preço.

Os dados digitais são capturados diariamente enquanto os de investimento em TV e outros meios físicos são semanais. Isso é muito importante — e diferente da maioria dos casos que encontrei de MMM —, pois se a coleta de dados de um meio é mensal, perde-se muito tempo até ter informações suficientes para o modelo.

Por exemplo: um ano tem 12 meses ou aproximadamente 52 semanas. Se o modelo de MMM tiver coleta mensal, vai demorar um ano para a planilha somar 12 linhas. Já a coleta semanal terá 12 linhas em 3 meses. Enorme diferença quando se pensa em sugestões de investimento para o trimestre seguinte. Nos dias de hoje, esperar um ano é tempo demais.

Nessa história, a agência de propaganda também foi treinada para montar planos de mídia com variância para colaborar com as métricas de MMM.

No Telecine, nem todos os resultados podem ser divulgados, mas adianto que, com as primeiras rodadas, o serviço de streaming passou a **otimizar seus investimentos**. Descobriram que poderiam concentrar seu investimento em mídia em apenas alguns programas específicos, muitas vezes na contramão do GRP.

Trata-se de um caso de redução do esforço de mídia com consequente aumento nas conversões.

Diferentemente da premissa de que "mais esforço resulta em mais vendas" (ainda muito utilizada na compra de mídia tradicional orientada pelo GRP), na história do Telecine **menos é mais.**

Entrevistando ainda os sócios da Ilumeo, perguntei sobre quanto em média eles descobrem de desperdício em alocações de mídia após uma análise de MMM nos seus clientes, e a resposta foi 20%. Nas palavras do Senise: "20% das variáveis independentes (investimentos em mídia) não têm relação significante com os resultados". Esse valor é normalmente reinvestido no teste de outros canais de comunicação, reduzindo essa porcentagem com o tempo enquanto melhora os resultados".

Lembrei-me de um palestrante em um gigante evento internacional que dizia que 5% do seu orçamento era sempre voltado à inovação e tentativas de coisas novas. O lado bom da sua colocação está no teste de coisas novas (aliás, ótimo!), mas o lado ruim é não saber de onde tirar os 5%. Se seguisse os exemplos de MMM acima, ele teria, quem sabe, até 20% para inovar.

De marketing para produto

Outra coisa que me encanta no Telecine é que não se trata apenas de um marketing que pensa na aquisição, mas está espalhado na empresa e, principalmente, no produto. Quando se tem um **produto digital** nas mãos, toda a experiência pode ser transformada a partir de customizações de mensagens e funcionalidades o tempo todo.

A partir de um sistema de análise de imagens (assim como aquele do call center que analisou as ondas sonoras) pode ser possível, por exemplo, entender segundo a segundo tudo a que uma pessoa assiste e assim passar a sugerir filmes de acordo com o resultado da comparação entre entradas (tudo o que as pessoas veem, quando, onde, como etc.) e saídas (assiste mais, converte em pago etc.) em algoritmo que dispensa a classificação antiga de filmes em drama, comédia etc. Em outras palavras: a recomendação de filmes se dará de acordo com a quantidade de cenas de fogo, heróis, finais felizes e risadas que você assistiu, em que horário, lugar e depois de fazer o quê.

MODELOS AVANÇADOS DE MÉTRICAS E OTIMIZAÇÃO – MIX, VARIÂNCIA E ATRIBUIÇÃO

TESTE!

O quanto elevado à IA é seu marketing?

(1- fazemos pouco até 4- fazemos muito)

1( ) 2( ) 3( ) 4( )   Utilizamos a técnica de supressão de audiência na compra de mídia

1( ) 2( ) 3( ) 4( )   Mapa de X? Não me lembro da última vez em que vi um

1( ) 2( ) 3( ) 4( )   Abusamos de variância em nossos planos de mídia

1( ) 2( ) 3( ) 4( )   Gastamos menos e gastamos melhor com audiências na compra de mídia

1( ) 2( ) 3( ) 4( )   Marketing é mais que marketing, incluindo produto, vendas, CRM etc

Agora é só somar e marcar sua posição na régua (entre 0 e 20)

[00]   [05]   [10]   [15]   [20]

O teste completo pode ser encontrado no final deste livro ou no site www.marketing-ia.com

CAPÍTULO 11:

Produtos elevados à IA

Quando os negócios vão muito além do marketing
Quando o marketing vai muito além do marketing

> " *Em um mundo de volatilidade, não há outra solução que não a reinvenção. A única vantagem competitiva que você pode ter sobre seus concorrentes é a agilidade.*"
>
> **Jeff Bezos**, CEO e Presidente da Amazon

EXISTEM DIVERSAS EMPRESAS, CONSULTORIAS, FERRAMENTAS E CURSOS especializados na construção de produtos digitais. Em comum com o marketing elevado à IA está o pensamento de dentro para fora.

Uma das empresas que mais me chamaram a atenção foi a Amplitude. Em post, um de seus membros — John Cutler[1] — apresenta a diferença entre o modelo tradicional do funil versus o pensamento de produto. Refiz a imagem aqui na Figura 43.

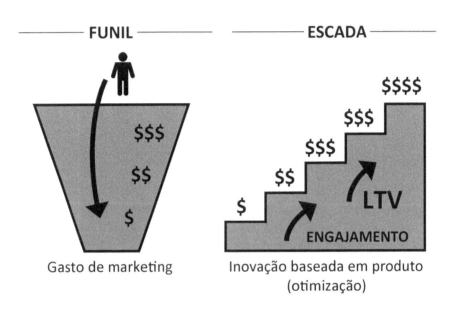

Figura 43: baseado no post de John Cutler

Segundo Cutler, uma das maiores mudanças nos produtos digitais está na aversão ao tradicional funil de vendas e marketing incentivado pela capacidade em nuvem, custos mais baixos e modelos de assinatura.

---

1   https://twitter.com/johncutlefish/status/1137527273035247616

Propensão a churn em aplicativo de táxi e carros particulares

Nessa história, um marketplace que conecta passageiros com motoristas de táxi e carros particulares usou dados para **entender** comportamentos e **mudar** seu **produto**. A predição foi utilizada na **personalização** das **experiências** para reduzir o churn em uma das formas mais brilhantes e criativas que eu já ouvi.

Nesse tipo de negócio (aplicativo de corridas), quando a empresa está estabelecida no mercado, o produto pode ser mais importante do que as ações de marketing. Diferentemente de uma assinatura de streaming, música ou telefonia celular, não há barreiras de saída, como pagamento fixo por mês ou vencimento anual. O churn se dá quando as pessoas simplesmente param de usar o aplicativo.

Por isso, ser obcecado pela experiência de produto é tão importante: qualquer vacilo pode fazer o consumidor experimentar um concorrente, gostar da experiência de navegação do lado de lá e não voltar mais. Para facilitar que consumidores experimentem seus aplicativos, concorrentes oferecem corridas grátis, prêmios e investem muito em campanhas de aquisição. Nesse cenário, manter clientes é vantagem competitiva essencial.

Havia um enorme cuidado dos times de marketing e produto com a experiência dos consumidores (tanto passageiros como taxistas). Estavam todos com olhos fixos nas métricas, minuto a minuto. Possuíam na ponta do lápis os custos de aquisição de novos clientes (CAC), o CLV e as variações no churn. Mínimas alterações na retenção poderiam derrubar ou melhorar drasticamente os resultados da empresa.

A partir das **saídas** "usuário ativo" e "desistente" foi possível separar dois grupos: churn e não churn. As **entradas** eram milhares e sempre acompanhadas de perto, pois se trata de um negócio tão dinâmico que os próprios atributos ganham e perdem relevância rapidamente de acordo com o tempo, cidade, concorrência etc. Aqui, para ilustrar, alguns exemplos de variáveis **correlacio-nadas** com o churn:

Passageiros:
- ▶ Tempo de espera
- ▶ Modelo do carro
- ▶ Rota
- ▶ Motorista diferente na foto
- ▶ Motorista com poucas avaliações/avaliações ruins/não se move no mapa
- ▶ Motorista questiona meu local de destino antes do embarque

Motoristas:
- ▶ Distância até o passageiro
- ▶ Local de embarque indesejado
- ▶ Pagamento com cartão de crédito
- ▶ Carro ocupado
- ▶ Passageiro com atitude inapropriada (cinto de segurança etc.)
- ▶ Problemas no pagamento (não tinha dinheiro, problemas no cartão etc.)

Nem tudo é racional e tangível no mundo das avaliações. Imagine um motorista que não liga o ar-condicionado. Essa atitude pode oferecer uma péssima experiência para uma pessoa, mas não fazer diferença para outra. Tudo era levado em consideração.

O desafio da expansão para carros particulares

Foi nas corridas de táxi que o aplicativo nasceu e cresceu até conquistar milhões de usuários. Numa segunda fase, foram incluídas corridas com carros particulares. Isso foi feito cidade por cidade, até que no lançamento em uma grande capital aconteceu algo diferente. Foram configuradas as métricas-base já utilizadas nesse tipo de serviço em outras cidades. Estava tudo certo no produto e na tecnologia, enquanto novos motoristas eram cadastrados em uma força-tarefa para iniciar rapidamente a oferta de carros privados naquela cidade.

No lançamento foi dado foco a um subsegmento, "sensíveis a preço", pelo qual o novo serviço era ofertado com preço entre 20% e 30% abaixo do táxi. Estava tudo indo muito bem, até que um dado chamou a atenção: **o churn estava aumentando** nos dois lados, dos motoristas e dos passageiros.

Primeira pergunta: por que os passageiros sensíveis a preço estão abandonando um serviço que foi feito para eles? E por que alguns novos motoristas particulares saem tão rápido do serviço e outros não saem? O que eles possuem em comum?

Se fôssemos considerar apenas o dado médio, do total de usuários, não chegaríamos a lugar algum, porém o time foi explorar os dados e encontrou alta **volatilidade** em **novos motoristas** que **cancelavam** e **não cancelavam corridas**. Nada parecia explicar os motivos dos cancelamentos anormais. Nada do que se sabia até aquela data.

O que levaria motoristas novos, buscando uma nova e alternativa fonte de receita, a cancelar suas primeiras corridas? Isso não tinha acontecido até então.

Foi, então, encontrado um comportamento padrão: esses cancelamentos aconteciam após longas esperas dos passageiros.

Novas hipóteses foram criadas pelo time, dentre elas:

- ▶ O motorista pode não entender a usabilidade do aplicativo;
- ▶ A concorrência deve ter iniciado uma campanha de bonificação.

A hipótese de estímulo da concorrência foi rapidamente descartada, pois as corridas eram aceitas num primeiro momento. O mesmo com a hipótese da usabilidade, depois de entrevistas e testes com motoristas.

Quando o dado de entrada "localização" foi levado em consideração, notaram que muitos dos passageiros que cancelavam corridas haviam feito a solicitação em um mesmo local: **shopping centers**.

Acontece que shopping é um local de alto movimento. O que estaria acontecendo?

A hipótese seguinte foi **fraude: taxistas pedindo carros particulares** dentro de shoppings, esperando tempo suficiente para que o motorista tivesse de pagar pelas primeiras horas de estacionamento, e depois cancelando os pedidos.

Resposta: sim, era uma fraude.

Como resolver uma fraude usando propensão e personalização

Os aparelhos dos passageiros que solicitavam corridas naquele endereço costumavam ser os mesmos que tinham também instalado o aplicativo para receber corridas de táxi. Taxistas não felizes com o novo serviço se reuniram para criar uma péssima experiência aos novos motoristas particulares e, assim, se protegerem da concorrência.

Isso criava um aumento no churn em motoristas particulares que, chateados, desistiam do uso do aplicativo ou, antevendo o risco de pagar por cancelamentos dentro de shoppings, não aceitavam corridas nesses locais. Para o passageiro, isso representava uma falta de carros particulares, que levava ao churn.

Marketplaces ou "plataformas de dois lados" possuem essa característica de equilíbrio: devem existir motoristas suficientes para que passageiros não esperem muito por corridas, ao mesmo tempo em que tem de oferecer passageiros suficientes para que motoristas queiram usar o aplicativo. A sensibilidade no negócio é grande e alterações como essa podem ser bolas de neve que começam devagar, mas que crescem rápida e exponencialmente.

Isso explica a preocupação de Jeff Bezos quando diz que "a única vantagem competitiva é a agilidade", pois em um mundo cheio de opções concorrentes que se movem rapidamente, a troca deste por outro aplicativo pode acontecer em um momento simples de decepção (não tem carro particular no shopping) e durar para sempre. O balde furado precisava ser consertado rapidamente.

Voltando à resolução da fraude, se você pensa que todos os celulares com ambos aplicativos (taxista e passageiro) devem ser bloqueados, espere um pouco. Existem pessoas que compartilham aparelhos entre familiares e taxistas que aceitam a concorrência e andam em carros particulares. Não seria justo.

Então mais um dado foi encontrado e este ajudava muito na acurácia do modelo de propensão: as últimas corridas dos taxistas mal-intencionados também se iniciavam no shopping center.

Por se tratar de fraude nos termos e condições de uso, a empresa sabia que poderia bloquear o uso. Porém, um aviso — "você está bloqueado por suspeita de fraude" — poderia chatear os taxistas e, pior do que isso, lhes avisaria que o truque foi descoberto, fazendo com que eles (talvez) procurassem outras formas de prejudicar os particulares.

Brilhantemente, a empresa personalizou a experiência dos falsos passageiros (taxistas maldosos) de uma forma que, infelizmente, não posso contar com detalhes aqui. É segredo.

Normalmente usamos a expressão "personalizar experiências" em um contexto positivo de marketing, mas aqui foi diferente. Foi criada uma experiência muito criativa que não deixava essas pessoas fraudarem, embora achassem que estavam fraudando.

Já contei demais e preciso parar por aqui.

O jogo da imitação

E se os taxistas fossem muito dedicados, fazendo dezenas de testes até descobrir a invenção da tal personalização e assim decidissem boicotar também o serviço de táxi?

A operação de evitar a fraude tinha de ser tão boa a ponto de calcular muito bem a propensão à fraude e, ao mesmo tempo, cuidar das exceções e ainda calcular o risco de uma eventual descoberta pelos taxistas de que o truque foi descoberto.

Se você ainda não viu o filme *O Jogo da Imitação*, deve assisti-lo. É imperdível.

Em plena Segunda Guerra, no ano de 1940, o matemático Alan Turing, considerado o pai da computação, desenvolveu uma máquina que permitia aos aliados quebrar os códigos secretos nazistas, interceptando suas mensagens.

Em uma cena famosa do filme, ele apresenta sua invenção ao comandante e todos comemoram que, a partir daquele momento, sabendo quais navios seriam atacados, os aliados poderiam mudar a direção desses barcos, além de enviar reforços, e assim evitar todas as mortes.

Touring então diz que, se isso acontecesse, os nazistas saberiam que tinham sido interceptados e trocariam seus códigos. Por isso "alguns vão ter de morrer para que muitos possam viver". Em outras palavras, era preciso deixar que alguns barcos fossem atacados no limite que os alemães não desconfiassem que foram descobertos.

Foi assim que ele provavelmente salvou mais vidas no médio e longo prazo do que trocando a localização de todos os barcos a serem atacados no primeiro dia da descoberta.

Embora seja uma história trágica, ilustra muito bem um pensamento analítico e estratégico.

É por isso que apenas bloquear os taxistas não era suficiente. Tampouco apenas personalizar, mas também pensar em formas inteligentes de medir e calibrar as ações a todo instante. No capítulo a seguir abordaremos o tema "causa e consequência", usando testes para aprendizado.

Touring termina a cena dizendo que "Nosso trabalho não é salvar passageiros deste comboio, é vencer a guerra".

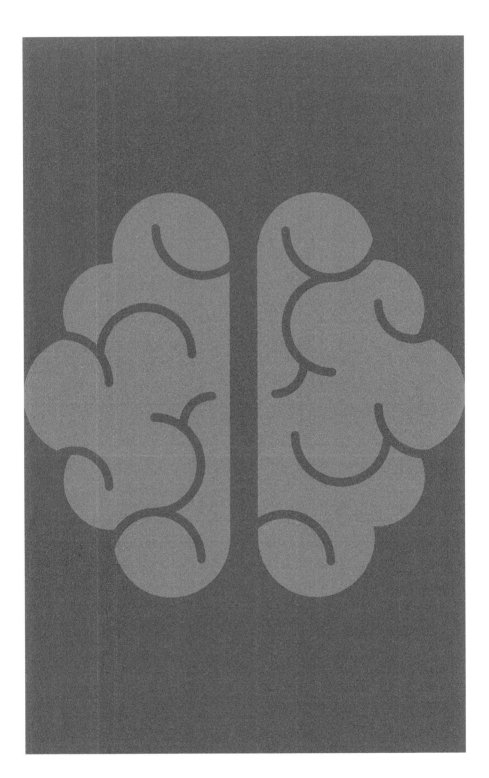

PARTE III

Tudo que você e sua empresa precisam, além dos conhecimentos de estatística, negócio e computação, para lançar projetos elevados à IA com sucesso

CAPÍTULO 12:

Visão analítica, viés, testes A/B e métricas

Como não ser só mais um macaco no meio dos jatos d'água

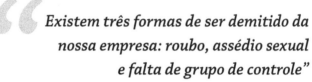

> *Existem três formas de ser demitido da nossa empresa: roubo, assédio sexual e falta de grupo de controle"*
> **Gary Loveman** – CEO Caesars Hotéis e Casinos

UM ESTUDO DE 1993 SOBRE A RELAÇÃO ENTRE HÁBITOS ALIMENTARES E câncer de mama poderia ter chegado à conclusão de que havia maior probabilidade de mulheres com dietas de elevado teor de gordura quando jovens terem câncer na idade adulta.

Eu disse poderia porque, na verdade, o estudo era sobre a memória das mulheres com câncer de mama a respeito do seu próprio passado. Quando foram perguntadas sobre sua dieta na juventude, as mulheres com câncer de mama se lembravam de terem consumido alimentos gordurosos na juventude em quantidades maiores do que as mulheres que não tiveram câncer.

O estudo comparava o que mulheres com e sem câncer de mama falaram na idade adulta com formulários de sua dieta que elas preencheram anos atrás, quando ainda jovens. Assim era possível notar a diferença.

Essa história lembra aquela do diretor de marketing da varejista que citei no primeiro capítulo. O fato de as vendas terem sido boas na Black Friday fez com que as pessoas procurassem se lembrar dos fatos que acharam positivos antes da campanha. De lá saíram justificativas como, por exemplo, o aumento de investimento, os canais de mídia, o digital e a nova liderança. Se as vendas tivessem sido ruins, as lembranças poderiam tranquilamente ser desde a economia do país e os esforços dos concorrentes até mesmo o digital e a escolha dos canais de mídia.

Como saber o que medir?

Começamos com a **definição do problema e a forma como queremos medir o impacto do nosso trabalho**. Antes de entrar na parte prática de problemas e métricas, é importante passar a limpo a fundação sob a qual nossas cabeças estão inseridas e o desafio do viés cognitivo.

Viés cognitivo é uma armadilha que todos temos no cérebro e na forma de pensar. Todos nós. Apesar de muitas vezes achar que somos racionais nas nossas escolhas, análises e decisões, nossa mente é influenciada por diversos fatores — conscientes e inconscientes — que não imaginamos. Esses estímulos muitas vezes nos levam a comportamentos e decisões que podem prejudicar um bom trabalho.

Nos livros *Rápido e Devagar* (de Daniel Kahneman) e *Previsivelmente Irracional* (de Dan Ariely), são apresentados diversos *bugs* da nossa mente. Estudos indicam que o dia onde há maior quantidade de erro médico é sexta-feira (nunca marque sua cirurgia nesse dia!). Os juízes dão mais sentenças de condenação quando a audiência ocorre antes do almoço (quando estão com fome) e somos influenciados por números recentes antes de tomar qualquer decisão racional (por isso é bom começar aquela reunião onde vai pedir aumento falando sobre grandes números do comércio internacional, número de estrelas no céu etc.). Este último exemplo é o que melhor ilustra o risco que profissionais de marketing sofrem no dia a dia ao analisar números e apresentar relatórios.

A assinatura da revista The Economist

Este experimento[1] foi repetido diversas vezes em salas de aula: no centro havia uma pessoa que mostrava um objeto a ser leiloado e, ao redor, os alunos sentados em suas cadeiras escreviam o preço que pagariam no objeto em um papel. Até aqui nada de novo.

Antes de escrever o valor do lance, porém, os alunos eram obrigados a anotar no papel os dois últimos números da sua carteira de identidade, portanto, se quero pagar 50 reais em um vaso, no papel do lance eu devo anotar 27 (últimos números da minha carteira de identidade) e na linha de baixo 50 (meu lance). O resultado mostra que quanto maior o número da minha identidade, maior a chance de eu dar um lance alto no leilão. Quanto menor o número do RG, menores os lances. A diferença chegou a 346%.

---

1   Livro *Previsivelmente Irracional*

O experimento original foi feito em dólares, nos Estados Unidos, e entre os resultados:

▶ Pessoas com RG entre 80 e 90 pagavam em média 26 dólares num mouse;

▶ Pessoas com RG entre 00 e 19 pagavam em média 9 dólares pelo mesmo item.

Isso significa que minha análise de resultados de campanha pode ser influenciada pela minha ação anterior de me alegrar abrindo meu comprovante de pagamento dos royalties de vendas desse livro. Sim!

Outro experimento foi realizado pela revista *The Economist*. Ao entrar no site da revista, algumas pessoas encontravam uma experiência visual enquanto outras pessoas recebiam outra experiência. Na primeira (teste A) as pessoas escolhiam entre "assinatura apenas digital por US$ 59" ou "assinatura impressa + digital por US$ 125". Já na outra experiência (teste B) as pessoas viam, além das duas opções anteriores, também a opção "assinatura apenas impressa por US$ 125". Em resumo, na tabela a seguir:

	Apenas digital	Impresso + Digital	Apenas Impresso
Teste A	US$ 59	US$ 125	
Teste B	US$ 59	US$ 125	US$ 125

Os resultados são impressionantes: No teste A, a maioria das pessoas optou pela assinatura apenas digital, porém das pessoas que viram o teste B a maioria optou pelo impresso + digital:

	Apenas digital	Impresso + Digital	Apenas Impresso
Teste A	**US$ 59**	US$ 125	
Resultado:	**68% das assinaturas**	32% das assinaturas	

	Apenas digital	Impresso + Digital	Apenas Impresso
Teste B	US$ 59	**US$ 125**	US$ 125
Resultado:	16% das assinaturas	**84% das assinaturas**	Zero assinaturas

Isso, em economia, é chamado de efeito âncora ou ancoragem. As pessoas entenderam que o que "vale mais a pena" é o impresso + digital, pois têm o mesmo preço do impresso, mas me dá de graça o digital. Essa comparação relativa da nossa mente é base para muitas coisas, como, por exemplo, os produtos de marca própria em supermercados.

Conforme explicado no livro *Economista Clandestino*[2], de Tim Harford, quando as pessoas entram em um supermercado e veem uma bolacha de chocolate com a marca própria do supermercado e outra de uma marca famosa, a escolha é influenciada pela diferença percebida entre ambas, por exemplo:

	Marca própria	Marca famosa
Teste A	R$ 3,00	R$ 4,00
Resultado:	Vendas ok	Vendas ok
Teste B	**R$ 3,89**	R$ 4,00
Resultado:	Vendas caem	**Aumento nas vendas!**

Conforme a tabela, o preço da marca própria nem sempre tem como função vender mais marca própria, mas criar uma âncora para que o consumidor, vendo a pouca diferença, opte por levar "mais por uma pequena diferença" e comprar a marca mais cara, mesmo que ela não tenha mudado de preço (ficou em $ 4,00 nos dois cenários).

As histórias acima ilustram dois lados do viés cognitivo: de um lado, **consumidores** podem ser estimulados de diversas formas. Enquanto lia o exemplo da âncora, você deve ter pensado em diferentes formas de aplicar isso no seu negócio. De outro lado, isso mostra como **profissionais de marketing** a) são pessoas comuns e também influenciáveis por números ao seu redor; b) devem se preocupar com métricas; e c) devem trabalhar para eliminar o viés em seus cálculos de propensão e algoritmos.

---

2   https://www.americanas.com.br/produto/129119011/
livro-o-economista-clandestino-ataca-novamente

Nosso cérebro adora pegar atalhos. Com tantas informações disponíveis, o cérebro **filtra** e, às vezes, deixa passar coisas importantes. Como sempre procuramos sentido nas coisas, nosso cérebro **preenche lacunas** com informações que ele acha fazer sentido. **Pulamos** rapidamente para o resultado quando temos uma pista dele e nossa memória **reforça** nossas decisões, criando um ciclo em que se acredita que está tudo bem, não abrindo espaço para aprender formas novas de fazer.

Grupo de Controle

Em conversa recente com minha esposa sobre os testes das vacinas contra a Covid-19, expliquei que algumas pessoas receberiam a vacina de verdade enquanto outras apenas um líquido sem efeito. Ela achou injusto. Expliquei que essa é a forma certa de saber a eficiência da vacina: comparando as pessoas que tomaram a vacina e ficaram ou não ficaram doentes com as que acharam que tomaram a vacina (que era apenas água) e ficaram ou não doentes.

Um exercício que costumo dar para os alunos nas aulas de IA é o do envio de malas diretas para anunciar o lançamento de um novo carro. Nessa história, os clientes que foram selecionados para receber a comunicação são todos parte de um segmento de alta propensão. Isso foi calculado, você já deve imaginar, de acordo com comparações entre entradas (que incluem desde último carro comprado até o cadastro e as visitas às concessionárias) e saídas (compra de carros da marca).

A maioria dos clientes com essa propensão recebe a mala direta — este é o grupo de impacto. Uma parte dos clientes propensos, porém, não recebe a mala direta — chamado de grupo de controle, assim como aqueles que receberam água no lugar da vacina.

As vendas são medidas nos dois grupos, pois as compras de carros possuem CPF na nota fiscal.

Dessa forma sabemos se a mala direta **causou** vendas ou não: isolando o efeito da comunicação nas pessoas que naturalmente já comprariam o veículo (grupo de controle).

Ilustrando com dados de um experimento hipotético:

▶ Das 10 mil pessoas com propensão à compra do novo carro, foram enviadas 9.000 malas diretas no grupo de impacto e 90 carros foram vendidos. Isso dá 1% de conversão;

▶ Não foram enviadas malas para as 1.000 pessoas do grupo de controle, mas estes compraram 8 carros, o que nos dá 0,8% de conversão;

▶ A diferença entre o resultado dos dois grupos é de 0,20%

0,20% é o **incremental** nas vendas causado pela ação de marketing, também chamado de **lift**.

> Só assim o resultado da ação de marketing pode ser levado em consideração: quando comparado a um grupo de controle.

Daqui para a frente, antes de apresentar qualquer relatório de resultados, lembre-se do que disse Carl Sagan: "Alegações extraordinárias exigem evidências extraordinárias."

Lift e ROI

Para medir o ROI, imaginando que cada carro custa 54 mil reais, multiplicamos este valor pela venda incremental que, neste caso, é igual a 18 carros a mais (9.000 × 0,20% = 18). O cálculo será: 54.000 × 18 = 972 mil reais.

Adicionando um custo hipotético de criação e envio das malas diretas de 100 mil reais, ficaremos felizes, pois gastamos 100 mil reais e tivemos 972 mil reais de retorno. Um ROI de praticamente 10 vezes o valor do investimento, conforme tabela a seguir.

Observação: o tamanho do grupo de controle é feito a partir de cálculos de amostragem. Um profissional técnico com formação estatística saberá auxiliar nesse momento.

Grupo	Envios	Vendas	Conversão	Lift	Receita	Custo	ROI
Impacto	9.000	90	1,00%	0,20%	R$ 972mil	R$ 100 mil	9,7
Controle	1.000	8	0,80%				

A história da seguradora digital que reduziu o custo de aquisição em 50% quando retirou das ligações de repique do call center as pessoas com alta propensão à conversão apenas digital é um ótimo exemplo de uso do lift.

Eles compararam o benefício da diminuição de custo na redução das ligações de repique com as vendas perdidas por não fazerem ligação nesse grupo. Foi com grupos de controle que conseguiram analisar diferenças entre as pessoas que comprariam no site de qualquer forma, recebendo ou não recebendo a ligação.

Indo além e incluindo o CLV, supondo que os clientes que convertem apenas no digital possuem um ticket médio (gasto por compra) maior do que os que convertem no call center, pode valer a pena vender menos no digital do que vender mais no call center, reduzindo o custo total de aquisição da companhia.

Esses são exemplos do quanto a criatividade humana é importante para cruzar os dados, pensar estratégias, testar, aprender e seguir criando coisas novas. Todas as vezes que a empresa criar uma nova estratégia, adquirir um dado novo ou criar nova campanha, deve-se calcular o retorno em cima do lift.

Dessa forma, **a análise é até mais importante do que a predição.**

Nas minhas experiências com envios de mala direta em montadoras, lembro-me dos clientes ávidos por mandar malas diretas para todos os propensos. Embora seja tentador, isso não faz sentido, pois não será possível medir se a comunicação causou vendas ou não. Grupos de controle explicam o porquê.

Figura 44: a transformação deve ser muito além do meio digital

Testes A/B

Você pode usar dados para detectar padrões e assim prever **O QUE** os consumidores farão no futuro. Porém, ao saber o **PORQUÊ** de eles terem feito algo, você terá melhores análises e estratégias em mãos.

A **inferência causal** é a forma pela qual descobrimos a ligação entre as variáveis de causa e efeito nos experimentos. Isso pode (e deve) ser feito em todas as decisões de negócio.

Em alguns casos esse tipo de análise já está presente em plataformas e, em outros, você faz manualmente. Dois exemplos interessantes na Adobe são na DSP (ferramenta da compra de mídia programática) e na DMP. No primeiro foi criada uma metodologia chamada de "Ad Swap" (troca de anúncios, em português). Nela, uma amostra (grupo de controle) da audiência da campanha não recebe o banner daquele anunciante, e sim de outro anunciante (não concorrente). Assim é possível medir se essas pessoas impactadas entraram no site e fizeram compras mesmo sem ter visto um anúncio da marca. É o mesmo princípio da mala direta para vender um carro novo.

Na DMP, por meio dos "Audience Labs", uma audiência é randomicamente dividida em diversos subgrupos para que cada um seja utilizado em diferentes ferramentas de mídia, medindo o incremental entre elas.

As ferramentas de teste A/B nasceram como uma forma perfeita de examinar causa e consequência. Via comparação de duas variáveis (A e B), sejam elas imagens no site, por exemplo, expostas para consumidores similares de forma simultânea, podemos concluir qual funciona melhor para a conversão: A ou B.

Agora imagine você, engajado, realizando diversos testes A/B. Vai chegar um momento em que na mesma página você vai querer trocar a cor das imagens, os títulos, a ancoragem, o preço etc., tudo ao mesmo tempo. É aí que as plataformas podem te ajudar por meio dos testes multivariáveis.

Em um exemplo de e-commerce a que assisti recentemente, a simples troca da ordem dos botões mudou o resultado. Os consumidores eram randomicamente divididos em três grupos. Após colocar produtos no carrinho de compras, cada um enxergava a página de login com uma ordem diferente dos três botões principais: "login", "cadastre-se" e "entre usando uma rede social".

Essa simples troca de ordem resultou em um incremento de 0,67% na conversão quando o botão do login social estava acima. Se você multiplicar 0,67% pelas vendas de um grande varejista saberá o quão impactante foi essa ação.

Importante em testes como esse é **não deixar nosso cérebro adivinhar** os motivos pelos quais um botão acima é melhor, assim como não achar que essa solução (botão social acima) também é boa para você, pois os resultados podem ser diferentes dependendo da empresa, do consumidor e do contexto.

Relembrando o que falamos quando o assunto era propensão: não importa o motivo, o que importa é que nós testamos, aprendemos com os dados e modificamos a experiência das pessoas para melhorar o negócio. Confiamos no processo e ele funcionou.

Em Economia, o termo **sensibilidade a preço** define o grau de influência que o preço tem sobre o comportamento dos consumidores. Também chamado de elasticidade, prevê quando a venda de um produto é influenciada pela alteração de preço.

Antigamente era difícil fazer isso. Basta imaginar mudar os preços manualmente em centenas de gôndolas de um supermercado. Agora, com as ferramentas, isso é facilmente executado: as ferramentas podem, ainda durante o teste, ao encontrar o melhor preço, exibi-lo para mais pessoas.

Caesars Entertainment

Gary Loveman — CEO da rede de hotéis e entretenimento Caesars, dono de alguns dos maiores e mais tradicionais cassinos de Las Vegas —, além de ter PhD em economia pelo MIT, é ex-professor de Harvard. Em entrevista para a revista *MIT Technology Review*[3] de 2011 ele exaltava a realização de pequenos testes que, com o tempo, ganhavam corpo dentro da empresa. Ele cita a importância de "testar o que faz um consumidor gastar mais, se é uma refeição ou uma noite grátis no hotel".

---

3   https://www.technologyreview.com/2011/02/18/197014/qa-the-experimenter/

Segundo Gary, "precisamos superar o palpite e a intuição com evidências empíricas." Ele vai além e critica a "apreciação romântica ao instinto" como causa dos maiores problemas da nossa indústria.

No negócio dos hotéis, as decisões baseadas em dados são de extrema importância quando se leva em consideração que há um estoque perecível. Conforme o tempo passa, quartos não preenchidos são um estoque que não foi vendido. É por isso que seus experimentos favoritos são sobre preços e elasticidade.

"In God we trust; all others bring data." – Edwards Deming

A frase de Deming ilustra bem a crítica às pessoas que aconselham e tomam decisões com base em experiência pessoal, como se anos de trabalho pudessem predizer boas decisões de negócio. "Minha experiência" pode muitas vezes ser só um reforço do senso comum que estoca pilha em furacão ou só compra mídia da TV porque, afinal de contas, sempre deu certo assim.

Para inovar, seguimos um **processo** de descobertas a partir dos cruzamentos de dados do passado para predizer o futuro e assim tomar decisões, que serão medidas de forma inteligente com grupos de controle.

Em seu livro *Rápido e Devagar*, Daniel Kahneman — prêmio Nobel de Economia — discorre sobre dois sistemas mentais que convivem simultaneamente na nossa cabeça:

- ▶ O sistema 1 opera automática e rapidamente, com pouco ou nenhum esforço e nenhuma percepção de controle voluntário. Exemplos são:

  - ▶ Responder quanto é 2 + 2;
  - ▶ Detectar um objeto longe e outro perto;
  - ▶ Olhar de onde veio um barulho;
  - ▶ Ler palavras em cartazes.

VISÃO ANALÍTICA, VIÉS, TESTES A/B E MÉTRICAS **225**

▶ O sistema 2 aloca atenção às atividades mentais laboriosas que requisitam cálculos completos. Exemplos são:

  ▶ Concentrar-se na voz de uma pessoa em uma sala barulhenta;

  ▶ Procurar uma mulher de cabelos brancos;

  ▶ Preencher um formulário de cadastro;

  ▶ Comparar dois produtos similares no supermercado.

O problema do dia a dia é que, como nosso cérebro quer chegar às respostas rapidamente, o sistema 1 pula na frente e, a partir da experiência anterior acumulada, do "expert no assunto", dá a resposta imediatamente. O que nós precisamos é reconhecer que os dois sistemas ocorrem simultaneamente na nossa mente e assegurar que damos mais espaço para o sistema 2, estatístico, pensado e calculado, principalmente nas decisões de negócio.

Kahneman também cita o experimento do gorila que entrava no meio dos jogadores de basquete e passava despercebido enquanto as pessoas contavam os passes entre as pessoas de branco. Ele afirma que essa cegueira foi causada não só pela instrução de se concentrar nas camisetas brancas, mas também por ignorar os outros jogadores. Ninguém que assiste ao vídeo sem a tarefa deixa de ver o gorila.

Surpreendeu os autores notar a indignação das pessoas que não viram o macaco e, ao saber depois do experimento, não acreditaram no que viam. Eu mesmo tive a sorte de participar do experimento sem saber do que se tratava e, quando me mostraram o vídeo com o gorila na segunda vez, achei que fosse uma montagem.

"O estudo do gorila ilustra dois importantes fatos acerca de nossas mentes: podemos ficar cegos para o óbvio e também somos cegos para nossa própria cegueira", descreve Kahneman em seu livro.

É essencial para o sucesso de um profissional de negócios elevado à inteligência artificial ser mais analítico e menos expert. Confiar mais nos dados e menos na intuição e na experiência vivida. Ir além das comparações de entradas e saídas, medindo suas decisões de negócio usando inferência causal são chave para o sucesso.

TESTE!
O quanto elevado à IA é seu marketing?

(1- fazemos pouco até 4- fazemos muito)

1( ) 2( ) 3( ) 4( )   Usamos ferramentas de marketing na nuvem para realizar testes A/B

1( ) 2( ) 3( ) 4( )   Analisamos nossas campanhas sempre contra grupos de controle

1( ) 2( ) 3( ) 4( )   Experimentos são mais importantes que experiência

1( ) 2( ) 3( ) 4( )   ROI é sempre medido com base no ganho incremental (lift)

1( ) 2( ) 3( ) 4( )   Usamos testes A/B para separar causa de consequência

Agora é só somar e marcar sua posição na régua (entre 0 e 20)

[00]   [05]   [10]   [15]   [20]

O teste completo pode ser encontrado no final deste livro ou no site www.marketing-ia.com

CAPÍTULO 13:

Como construir equipes de alta performance

O maior segredo por trás do Marketing Elevado à IA

" *Só há amor quando não existe nenhuma autoridade"*
                                                    Raul Seixas

EM SEU ESTUDO SOBRE TRANSFORMAÇÃO DIGITAL DE 2016, A CONSULTORIA McKinsey cita a dificuldade na quebra de barreiras e a falta de profissionais capacitados como os principais fatores de insucesso das transformações digitais.

Seguem esse estudo uma série de outros, como o da Forrester[1] de 2018, no qual "30% das empresas de B2C acreditam não ter talentos internos para fazer correta mensuração e análise dos dados de marketing".

As duas pesquisas citadas acima podem até ser previsíveis: não se faz milagre sem ter as pessoas certas e com o conhecimento adequado, porém, conforme aprofundamos em outras pesquisas, como a do Gallup de 2017 sobre o "Estado do Trabalho", temos revelações mais contundentes:

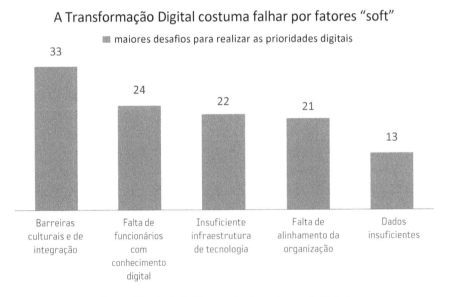

Figura 45: estudo McKinsey sobre Transformação Digital

▶ Globalmente, **85% dos funcionários não estão engajados** ou estão ativamente desengajados no seu trabalho. Na América Latina são 73%.

---
1 Analytics Global Business Technographics Marketing Survey, 2018.

COMO CONSTRUIR EQUIPES DE ALTA PERFORMANCE **229**

▶ As razões para isso, segundo a pesquisa, são que "as **empresas têm sido lentas em se adaptar às rápidas mudanças produzidas pela tecnologia da informação**, globalização e expectativas dos mais jovens".

Embora de um lado — nas pesquisas da McKinsey — as empresas critiquem a falta de talentos, é na **falha de gestão** de equipes e talentos que, segundo o Gallup, mora o problema. Para fixá-lo, o Gallup sugere alguns caminhos. Destes, escolhi os três mais relevantes, com base no que vi nas diversas empresas que entrevistei para contar as histórias deste livro. Vou desenrolar e complementar em cima deles aqui:

1. O **desenvolvimento** dos funcionários acima da sua própria satisfação:

   A mudança para uma cultura orientada ao conhecimento das pessoas, dando a elas oportunidades de treinamento e também de desenvolvimento de projetos do começo ao fim, é chave para o engajamento delas.

   No longo prazo, esse tipo de motivação tem papel mais importante do que a simples satisfação no trabalho. A segunda métrica é a de curto prazo e mede, muitas vezes, em primeiro lugar coisas periféricas e relacionadas a recursos humanos.

   A sugestão aqui não é suprimir benefícios, mas alertar para que benefícios sozinhos não ajudam na retenção e melhorias no longo prazo. Conhecimento, sim, tem esse poder.

2. Ambientes focados em elevar as **forças** das pessoas ao invés de corrigir suas fraquezas:

   Se você pensava que depois de fazer uma avaliação psicológica e descobrir suas áreas a melhorar deveria focar nessas, se enganou. Segundo esse e outros diversos estudos, o foco de desenvolvimento deve ser nas suas forças e talentos.

   Nesse conceito de desenvolvimento de forças estão os times **multidisciplinares**. Usando metodologias ágeis, esses grupos são formados de acordo com as forças das pessoas e possuem **autonomia** para decisões. Sem autonomia, os projetos ficam na gaveta, no PPT, e lá morrem. É por isso que gosto da frase do Raul, que dizia: "Só há amor quando não existe nenhuma autoridade."

Essa liberdade combinada com uma gestão onde os funcionários possuem flexibilidade para gravitar entre áreas e departamentos, usando suas forças (o melhor de si) e ignorando as antigas fronteiras entre áreas, é o que nos diferencia da antiga gestão de "comando e controle".

Nesse estudo do Gallup com mais de 50 mil empresas em 45 países, a conclusão foi que o foco nas forças das pessoas pode aumentar as vendas entre 10% e 19% e os lucros de 14% a 29%, comparados com o grupo de controle.

3. Trabalho baseado em **propósito**, acima dos salários:

Segundo o Gallup, em ambientes onde as pessoas são engajadas há uma redução de 40% nos índices de defeitos e reclamações de qualidade dos produtos e serviços. Nessas empresas, a produtividade chega a ser entre 17% e 21% superior.

Todos nós merecemos receber um salário justo, porém o propósito é chave para a realização pessoal e felicidade das pessoas no trabalho.

De acordo com o especialista em meditação e autoconhecimento Fabio Toreta, que estuda o tema há mais de 10 anos, "o propósito é a razão de existir de uma empresa. É a causa que move colaboradores a alcançar um objetivo comum".

Toreta é head de comunicação da Sabesp, a empresa de saneamento de São Paulo, e me contou uma história interessante: durante a certificação para uma norma ISO, os consultores visitavam uma estação de esgoto quando perguntaram ao eletricista da estação o que ele estava fazendo ali. A resposta foi "ajudando a despoluir o rio Pinheiros". Isso é propósito.

As empresas das diversas histórias deste livro seguem, cada uma à sua maneira, nos bastidores, os direcionamentos citados e por isso são destaque no uso de IA. Isso reforça a tese de que não é só pela compra de tecnologia ou treinamento das pessoas que empresas fazem um marketing elevado à IA, mas também pela forma como organizam times, impulsionam pessoas pelas suas forças e com propósito.

Uma história que ilustra bem essas características foi a da **agência de propaganda digital** que montei dentro de um grande grupo global de comunicação alguns anos atrás. Foi essa a agência que executou a campanha da companhia farmacêutica na distribuição das amostras do produto para respiração que comentei anteriormente. Agora, um pouco dos bastidores:

PROPÓSITO

Agências de propaganda tradicionalmente têm sua remuneração baseada no comissionamento de mídia. Foi assim que, ao longo dos anos, criaram um fluxo de trabalho que — como já comentei anteriormente — funciona como uma fábrica extremamente eficiente de comprar espaços e colar anúncios criativos.

O problema desse modelo está no que os economistas chamam de incentivos. Se para a agência ganhar mais ela precisa recomendar mais compras de mídia, é o que ela provavelmente fará. O mesmo com os arquitetos comissionados na compra de materiais de construção ou até médicos em seus receituários.

Em conversas informais (e não oficiais) com presidentes das maiores agências de propaganda do país, ouvi que a remuneração por comissão pode chegar até a 80% do faturamento delas.

Na agência digital dessa história havia um propósito de nunca ser remunerado por comissão de mídia. Nada, nem um centavo. Qualquer comissão que aparecesse era rapidamente apresentada ao cliente, que poderia optar por usar o valor para abater do valor pago pelas horas dos profissionais, chamado de fee.

Os profissionais da agência sabiam que apenas criando ideias de extremo valor para seus clientes poderiam ter como consequência as suas horas de trabalho vendidas para eles.

O propósito se transformou em ação durante a concorrência entre agências para a campanha de propaganda do produto de respiração. Enquanto as agências concorrentes levaram planos de mídia preenchidos com lindos banners, nossa agência propôs a estratégia das amostras grátis com base nos estudos de uso e recompra.

Como nossa remuneração não era baseada na mídia, nos sentimos livres para começar pensando no problema de negócio, sugerir a experimentação gratuita e, assim, montar um orçamento onde o custo de mídia era menos de 30% do total, já que a postagem de milhares de amostras ocupava grande parte da planilha.

O plano foi aprovado, nossa agência foi escolhida e o produto vendeu acima das expectativas.

A configuração inusitada incluía, do lado da agência, profissionais de gestão de logística e excluía diretores de criação, pois era mais importante ter um designer júnior fazendo versões e rodando testes do que grandes insights criativos. Foi assim que quebramos a organização fabril da agência e montamos um time diferente, com processos diferentes, apenas para esse projeto.

O propósito fez o time se reorganizar, desenhando um projeto que só poderia ser entregue de maneira multidisciplinar, fora dos padrões organizacionais das agências.

O propósito fez as pessoas pensarem de dentro para fora, começando pelo problema de negócio, navegando na solução das amostras até terminar, lá no fim, na compra de mídia de forma precisa e cirúrgica, controlada e sem desperdício.

Parabéns para o time da farmacêutica que embarcou nesse projeto.

Riccardo Ferraris, hoje CEO do OmnicomMediaGroup (OMG) para América Latina, foi quem deu origem à criação da operação digital quando ainda era chairman da agência GREY na América Latina. Ele me contratou para montar uma equipe do zero. Esse sonho acabou, alguns anos depois, transformando-o em uma agência digital com 40 funcionários e o melhor resultado em margem dentre as diversas operações da GREY.

Quando recorda da operação digital baseada em propósito, Ferraris ressalta **"a construção de times com diferentes talentos que trabalhavam juntos com objetivos comuns"**. Ele ainda cita a **"definição de metas ambiciosas"** e relaciona esse sucesso à minha promoção a diretor América Latina, **"liderando os esforços digitais nos 19 escritórios da região por meio de uma visão digital única"**.

Enquanto isso, infelizmente ainda há no mercado gente pensando de fora para dentro, seguindo o comportamento dos macacos que não viram os jatos d'água. Dentre eles, consultorias que reforçam a manutenção do senso comum e do status quo. Uma delas publicou uma pesquisa dividindo os investimentos de marketing em dois tipos: a compra de mídia é chamada de "working" enquanto o custo de produção (leia-se horas das pessoas) é chamado de "non--working". A recomendação é que o custo de mídia fique entre 70% e 80% do total do orçamento.

Essa recomendação não foi feita com base em resultados, mas apenas em uma pesquisa sobre "como a maioria faz". Esse tipo de informação fora de contexto acaba por estimular o ciclo de gastar mais, investindo parte de cima do funil sem pensar na inteligência de dados.

Outra consequência é o nivelamento por baixo. Nas palavras do meu amigo e mentor Juliano Martinez: "Quanto mais você foca na concorrência, mais parecido com ela você se torna."

MULTIDISCIPLINARIDADE

Como você organiza as gavetas do seu armário? Eu imagino que cuecas estão num lado, meias do outro lado, camisetas em outra gaveta. Na sua cozinha, as panelas estão juntas no mesmo armário, correto? Algumas pessoas até as organizam por cor.

Quando unimos nosso instinto de agrupamento por similaridades com nossa herança de processo fabril, acreditamos — porque somos otimistas — que se cada um fizer a sua parte, bem organizado, no final tudo dará certo.

O que acontece muitas vezes nas empresas é que, durante o seu crescimento, a necessidade intuitiva de controlar combinada com a necessidade de organizar as gavetas acaba por criar grupos de pessoas com funções parecidas, chamados de **departamentos**. Assim como na história dos macacos e do jato d'água, ninguém sabe por que está ali e ninguém quer mexer.

Dessa forma, teoricamente, se a área de compras fizer seu trabalho, a empresa terá suprimentos mais baratos. Se o marketing trabalhar direito, a empresa terá mais consumidores. Se vendas trabalhar bem, a empresa venderá mais. Isso funcionava nas fábricas.

Conforme se organizam em departamentos, pessoas focam nas prioridades desses grupos. Um efeito colateral é o isolamento e a menor prioridade dada para outras áreas.

Principalmente quando falamos em modelos elevados à IA, porém, os dados vêm de todos os lados e para benefício de todos. Não há espaço para divisões. As experiências do consumidor, da mesma forma, não são só de um departamento ou outro. Quanto mais digitais são os produtos, menores as diferenças entre áreas.

Entrevistando Eduardo Lins, CEO da Wavy Global e cofundador da Movile, empresa dona de marcas como iFood e PlayKids e considerada um dos unicórnios brasileiros (empresa com avaliação acima de 1 bilhão de dólares), ouvi a seguinte frase quando ele comentava sobre uma das empresas do grupo, a Wavy: **"Departamento e silos são pragas que, quando aparecem, a gente elimina,** todos aqui são de um time só, o time Wavy".

As histórias da Movile, Wavy e do PlayKids têm nas equipes, que montavam diversos projetos de forma autônoma e multidisciplinar, parte do segredo do seu sucesso. Foi assim que emplacaram seu grande primeiro sucesso — o aplicativo PlayKids — e a empresa nunca mais parou de crescer.

A história por trás do varejista da história do colchão também ilustra bem o princípio da multidisciplinaridade: assim que o CEO decidiu pela compra de uma ferramenta internacional (de custo milionário) de precificação, ele montou rapidamente um time para criar o conhecimento antes da chegada da plataforma.

Nesse time havia um estatístico, um cientista de dados e duas pessoas da área de negócio (compra de suprimentos e precificação em loja). Insights como os da temperatura na véspera só foram possíveis a partir da interação entre pessoas técnicas e de negócio nesse time.

Esses profissionais vieram de diferentes departamentos e se uniram em um time que era um satélite reportando diretamente para o CEO. Após o sucesso do projeto, clones do time multidisciplinar foram criados e espalhados pela empresa.

Além de serem multidisciplinares, esses times tinham total **autonomia** para pensar projetos, criar e, principalmente, implementar. Só assim as pessoas e a organização aprendem: colocando na rua seus projetos.

DIVERSIDADE

Meu maior aprendizado no ano em que fiquei imerso no MBA do MIT foi sobre a importância da diversidade. Nas aulas, as pessoas são obrigadas a fazer seus trabalhos com pessoas de nacionalidades e etnias diferentes. No começo existe um enorme desconforto, porque as pessoas são muito diferentes.

Com o tempo aprendi que, com pessoas parecidas comigo posso até correr mais rápido, mas talvez na direção de um muro. Com pessoas diferentes, não vou tão rápido, mas chego muito mais longe.

Quando falamos sobre criatividade no uso dos dados, sobre a importância dos perfis técnicos e de negócio no mesmo time, dentre outras questões que geram insights poderosos de negócio, a **diversidade do perfil** das pessoas ganha extrema importância.

Segundo estudo da McKinsey[2] de 2018, com 1.000 empresas, aquelas com maior diversidade de gênero tinham 15% mais chances de serem lucrativas. Além disso, empresas com alto grau de diversidade de etnia e cultura experimentavam até 35% de melhora em performance.

> *"De nada adianta ter método ágil se você não tem diversidade nem autonomia. Isso é só inovação pra gringo em PPT"*
> Fernando Teixeira

TESTE!
O quanto elevado à IA é seu marketing?

(1- fazemos pouco até 4- fazemos muito)

1( ) 2( ) 3( ) 4( ) Nossa diversidade é o motor da nossa inovação
1( ) 2( ) 3( ) 4( ) Pedidos do presidente são avaliados como os de qualquer outra pessoa
1( ) 2( ) 3( ) 4( ) Sentimos que trabalhamos por um propósito, acima do salário
1( ) 2( ) 3( ) 4( ) Impulsionamos as forças das pessoas, ao invés de corrigir fraquezas
1( ) 2( ) 3( ) 4( ) Não precisamos de Hackathons quando queremos abraçar uns aos outros. A gente vai lá e abraça :)

Agora é só somar e marcar sua posição na régua (entre 0 e 20)

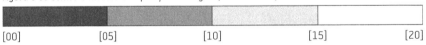

[00]   [05]   [10]   [15]   [20]

O teste completo pode ser encontrado no final deste livro ou no site www.marketing-ia.com

---

2 https://www.mckinsey.com/business-functions/organization/our-insights/delivering-through-diversity

CAPÍTULO 14:

Os 8 Passos do Marketing Elevado à IA

O que as histórias deste livro têm em comum

> *"O real propósito do método científico é de garantir que a natureza não te induz ao erro de pensar que você sabe uma coisa que na verdade você não sabe"*
> **Robert M. Pirsig** – escritor e filósofo americano

QUANDO COMECEI A ESCREVER ESTE LIVRO, EU NÃO PENSAVA EM SUGERIR UM processo, porém, depois de falar com quase 30 empresas e executivos com histórias brilhantes como as que apresentei até aqui, comecei a reconhecer padrões entre elas e a rascunhar um modelo comum.

Já tinha passado da metade do livro quando coloquei todas essas características no papel e acabei chegando a uma sugestão de 8 passos para fazer seu marketing e seus negócios elevados à IA.

Sempre partindo das premissas de se estudar o passado para prever o futuro e tomar decisões com foco nos problemas de negócio e abusando da criatividade, todas as empresas citadas neste livro passaram por essas etapas. Pequenas, médias ou grandes, cada uma do seu jeito, todas percorreram de alguma forma os 8 passos da Figura 46.

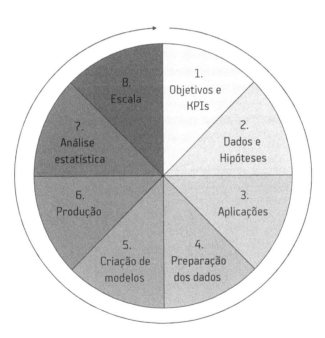

Figura 46: os 8 passos do marketing elevado à IA

1. Objetivos e KPIs

De nada adianta montar modelos de IA para depois procurar um problema onde possa aplicá-los. Todo processo começa com os problemas de negócio que sempre podem ser traduzidos em números (indicadores, KPIs). Em uma empresa de telecomunicações pode ser o crescimento do churn. Em um serviço de streaming pode ser a conversão de usuários de acesso gratuito em pagantes. No banco pode ser o alto custo de aquisição (CAC). No varejista pode ser a deterioração das margens em promoções de queima de estoque resultantes de uma má estratégia de compra e estoque.

Os objetivos do projeto de IA devem, obviamente, estar alinhados com os desafios da empresa e os indicadores. Um propósito certamente ajudará no engajamento, como, por exemplo: mudar a forma como as agências trabalham, acabar com o desperdício de mídia, elevar a conversão dos pagantes e mudar a forma como se vende streaming etc. Estar em uma missão que pode mudar uma categoria faz toda a diferença.

Na startup Allya, quando conversei com o CEO Rogerio Nogueira, ele me apresentou uma dinâmica de banco de ideias. Todas as ideias dos funcionários são registradas em um Excel, sendo que cada uma tem uma expectativa de melhorar um indicador do negócio (custo de aquisição, churn, conversão etc.). Todo trimestre, após o conselho de diretores revisar os objetivos da empresa e dar a direção do negócio para o trimestre seguinte, os indicadores mudam de importância e a tabela é recalculada. Assim, uma proposta do banco de ideias que antes estava em 4º lugar pode, de repente, ser a mais importante a ser executada.

2. Exploração dos dados e criação de hipóteses:

Nesta etapa é feita uma investigação de todos os dados disponíveis, assim como aqueles que podem ser capturados, trocados ou comprados. First, second e third party data são avaliados em relação ao seu acesso (implementação), custo e periodicidade, afinal, eles podem ser usados no projeto-piloto desde que a empresa saiba antes como seria se precisassem contar com esses dados para sempre.

Aprendi nas aulas online do MIT, com o professor Devavrat Shah, um diagrama muito bom para ajudar no raciocínio que recomendo para você organizar suas ideias antes de falar com um cientista de dados. Ele divide a origem dos dados de acordo com: a) dinâmica e b) quantidade de informação.

Um projeto de precificação dinâmica no varejo, por exemplo, tem altíssima dinâmica (dados mudam o tempo todo) e também enorme histórico de dados (quantidade de informação). Por outro lado, uma recomendação de mídia MMM tem baixa dinâmica, já que os canais de mídia e seus preços não mudam todos os dias e a compra acontece trimestralmente ou anualmente. A quantidade de informação pode ser alta quanto mais se conectam fontes para medir e melhorar o modelo.

Esse tipo de pensamento vai ajudar o time técnico a tomar decisões sobre modelos nas etapas seguintes.

Em paralelo à investigação dos dados, as equipes criam hipóteses para o (s) problema (s). Hipóteses boas são sobre as causas — por exemplo, saber os motivos pelos quais uma pessoa cancela um serviço ou compra um produto. As hipóteses serão o insumo a ser investigado com dados. Na história da seguradora, uma das hipóteses era de que havia influência das palavras faladas durante a compra no call center, com futuro cancelamento do seguro. No varejista, entre dezenas de hipóteses, havia a da influência da temperatura apenas da véspera na venda de cobertores do dia seguinte. As hipóteses serão testadas nos próximos passos.

É também nesta etapa que se procuram estudos científicos semelhantes que possam trazer luz aos desafios de dados e como resolvê-los.

3. Aplicações

Aqui a criatividade é muito importante, pois é onde se pensa o que pode ser feito caso seja encontrada a solução (ou soluções) para o problema de negócio. Nem todas as possibilidades precisam estar perfeitamente escritas neste momento, mas uma lista de sugestões sobre o que a empresa fará ao conseguir prever churn ou identificar pessoas propensas a converter é importante.

Na seguradora digital, a aplicação era clara desde o início: retirar das ligações de repique do call center as pessoas com alta propensão à compra digital. Conforme o projeto evoluiu, encontraram outras aplicações, como a da redução do telefone 0800 ou a inibição do *chatbot*.

Neste momento, entra uma versão resumida de um plano de negócio que eu prefiro chamar de "verificação de sanidade". Por exemplo: se a empresa fizer todo esse esforço para descobrir os propensos a converter e decidir que a aplicação é a simples troca da cor do banner, é importante procurar referências do quanto uma troca de cor pode trazer de incremental em vendas para pensar se vale a pena seguir com esse projeto.

Se, por outro lado, a aplicação da propensão for na redução do custo pela redução das ligações do call center (como aconteceu), a economia com a redução desse custo é claramente boa o suficiente para continuar a iniciativa. Rapidamente calcula-se uma prévia do lift e o projeto segue.

A era dos planos de negócio e planejamentos de cinco anos acabou. Como disse o fundador do LinkedIn, Reid Hoiffman: "Se você não está envergonhado com a primeira versão do seu produto é porque está lançando-o muito tarde". O teste de sanidade deve ser rápido para que o projeto avance rapidamente para as etapas seguintes.

4. Preparação dos dados:

Neste passo e nos próximos dois, a liderança deve ser de uma pessoa técnica. É função do profissional de marketing saber coordenar e interagir (no grupo multidisciplinar) para garantir que não se perca o foco no negócio e o time técnico tenha todas as informações para seguir.

Eu já vi casos onde, ao se distanciarem os profissionais de negócio e ficarem apenas os técnicos, decisões são tomadas pensando em performance, esquecendo dos aspectos do negócio. Quando está pronto, o projeto é abandonado, pois não serve para ninguém.

Colocar os dados em formato universal, fazer limpeza e higiene — tudo isso leva muito tempo dos cientistas de dados. É preciso respeitar e ajudar.

5. Criação, teste e validação modelos

Protótipos são a palavra da vez: ser capaz de rodar em R, no Excel ou em qualquer plataforma gratuita já é um ótimo começo. Vários modelos são criados e testados ao mesmo tempo, em paralelo, com a mesma amostra de dados.

Cientistas vão calibrando e testando modelos, comparando com dados reais (acurácia, lembra-se?) até encontrarem padrões e agrupamentos com que os profissionais de marketing possam trabalhar.

Lembro-me do dia em que, trabalhando com modelos de propensão para uma montadora, tínhamos em mãos uma planilha de retorno de investimento — feita rapidamente em um dia — que apresentava estimativas de retorno irresistíveis para seguir com o projeto. Algumas horas antes da reunião, o estatístico descobriu um erro no cálculo e simplesmente "tirou um zero" dos cálculos. Ou seja, imagine que, ao invés de um retorno de 1 milhão, a montadora agora teria um retorno de 100 mil.

Resultado: rapidamente cancelamos a reunião e o projeto. Não havia número mínimo de pessoas na base de dados que, após aplicar a propensão, valiam a pena para pagar o projeto. Pronto, erramos e rapidamente nos voltamos para outras iniciativas.

Nesta fase, o "bom é inimigo do ótimo". Os cálculos podem até estar no papel, que não tem problema. Melhor assim do que dentro de um software que demorou meses para ser construído (ou implementado/instalado) sem uma boa validação das premissas.

6. Produção

Ainda sob liderança do time técnico, a implementação em produção é importante para testar os sistemas, as conexões, os acessos e a manutenção do projeto e seus modelos.

Um protótipo pode estar em produção desde que esteja rodando nos sistemas e no ambiente técnico que foram preparados para a solução final.

Neste ponto lembro-me de outra frase do Eduardo Lins, para quem a forma de trabalhar ágil deles é baseada em *"metas agressivas (alinhadas com a missão da empresa), prazos curtos e recursos escassos"*. Se você é capaz de chegar até aqui, em produção, rapidamente e com recursos limitados, para testar seu produto ou um protótipo dele, está de parabéns.

Esta etapa dará o veredicto se sua aplicação funciona ou se será esquecida. Por isso é importante chegar rápido e não perder tempo com cronogramas infinitos e apresentações de PPT para os diretores da empresa (afinal, você deve ter autonomia, lembra-se?)

7. Análise estatística

Fiz questão de incluir o termo "estatística" no nome dessa etapa para garantir que ninguém vai achar que análise é falar que os números subiram ou desceram. Uma análise de causa e consequência usando grupos de controle e teste A/B é essencial. Se não tiver um bom cálculo de lift sobre o retorno da melhoria incremental, nenhum projeto vale a pena.

Para saber mais, volte dois capítulos.

8. Escala

Você pode ter chegado até aqui com um produto incompleto e isso não é um problema. Foi só a primeira fase, você já colocou o carro na rua e provou que ele anda. Agora é hora de rever o teste de sanidade e comparar os números esperados versus números reais.

A construção de um planejamento de negócio mais robusto pode ser interessante, principalmente se você precisar pedir mais investimento ou recursos da empresa.

Para modelos de negócio e startups, recomendo uma viagem pelos livros de startups, pois são a melhor referência de se fazer, pensar e planejar ao mesmo tempo. Os dois melhores na minha opinião são *Empreendedorismo Disciplinado: 24 Etapas Para Uma Startup Bem-Sucedida,* de Bill Aulet, professor do MIT; e *Mude ou Morra*, de Renato Mendes e Roni Cunha Bueno.

As diferentes habilidades de liderança

Para a realização dos 8 passos são necessárias pessoas com diferentes conhecimentos, capacidades e de diferentes áreas. Como comentei no capítulo anterior, trabalhando em equipes ágeis, desde que com autonomia para lançar seus projetos. Durante o processo, aconselho que a liderança seja intercalada entre pessoas com perfis diferentes: criativos, técnicos e analíticos.

Conforme a Figura 47, os três primeiros passos precisam de uma capacidade de enxergar problemas de forma analítica e propor soluções de maneira criativa. Por isso, sugiro um esforço conjunto entre os perfis "analítico" e "criativo".

A seguir, nos passos 4, 5 e 6, a liderança é técnica e, no final, volta a liderança analítica para conectar os pontos, analisar e extrapolar para novas aplicações e produtos, escalando a iniciativa.

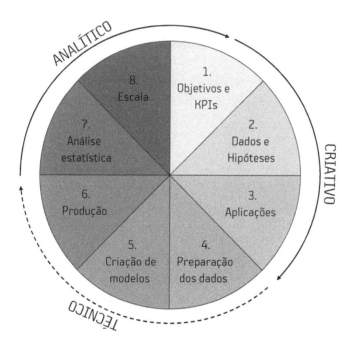

Figura 47: a divisão entre perfis de liderança criativa, técnica e analítica

É importante salientar que os três líderes são donos do projeto, porém intercalam a liderança conforme ele avança nas etapas. O senso de pertencimento é essencial. Propósito e conhecimento são chave para ter todos engajados. Com o tempo, as pessoas passam a ser orientadas pelas entregas dos projetos e não mais no mês a mês da empresa.

Se fosse criada uma pesquisa com a pergunta "em qual dia do mês é depositado seu salário", eu garanto que haveria um enorme esquecimento naqueles engajados em projetos. Enquanto os desengajados — em grande parte — devem saber exatamente o dia do depósito.

Vou sugerir essa pergunta para a próxima pesquisa de "Estado do Trabalho", do Gallup.

Equipes e/ou empresas elevadas à IA

Embora os 8 passos acima sejam comuns nas empresas que entrevistei e nos ajudem a dar uma pista do processo de construção de IA nas empresas, a forma como a capacidade de IA começou e cresceu é, muitas vezes, diferente entre elas: no varejista, o início se deu com o time multidisciplinar e isolado reportando para o CEO; na seguradora, começou em uma consultoria externa que depois se tornou um centro de excelência; na agência, era uma operação totalmente integrada e sem departamentos, organizando pessoas ao redor dos projetos.

Existem diversos tipos e, mais uma vez, não há fórmula mágica copy/paste. Vou citar aqui alguns formatos para ajudar no seu pensamento, enquanto considera aplicar na sua empresa. De acordo com a maturidade digital, a importância do projeto e, principalmente, a forma como a empresa está estruturada, alguns podem fazer mais sentido, outros menos.

- ▶ Descentralizado: cada departamento contrata seus próprios cientistas de dados;
- ▶ Funcional: um time paralelo ajuda a capacitar os times das outras áreas;
- ▶ Centralizado: uma unidade de negócio paralela entrega todas as demandas de IA;

> ▶ Centro de Excelência (COE): é a combinação do centralizado com o funcional: há um time separado que orienta as pequenas equipes que estão distribuídas nas áreas.

Esse último formato, também chamado de híbrido, é bastante usado quando há separações geográficas entre unidades. Um ótimo exemplo é o da Polaris, fabricante americana de veículos *off-road*, quadriciclos, motos e barcos. A multinacional é listada na Bolsa de Nova York, tem mais de 15 mil funcionários espalhados em mais de 100 países e vendas de 6,8 bilhões de dólares no ano de 2019.

Segundo o relatório anual da empresa, 88% da receita vêm dos EUA e Canadá, seguido de Europa e só então regiões como América Latina e Ásia. Por esse motivo, e por ter a maioria das fábricas nos EUA, a maioria dos funcionários e a direção mundial da empresa estão lá.

Desde o início da construção do projeto de IA, o CEO sempre deixou clara a importância de "monetizar os dados e provar o retorno do investimento em IA". O primeiro projeto escolhido foi o de otimizar as promoções. Em outras palavras: decidir para quem dar desconto, quando, onde, de acordo com qual ocasião, de concessionária a consumidor.

A precificação dinâmica (neste caso, via descontos) é uma forma inteligente de introduzir IA na companhia porque as chances de dar certo e provar resultado positivo são enormes, segundo diversas referências de mercado. Outras iniciativas iniciaram em seguida, como a do cruzamento das previsões do tempo com vendas para orientar a produção com antecedência. Isso é importante em uma empresa que vende de quadriciclos até motos de neve: saber onde investir para produzir e como comercializar é crítico. Isso lembra bem a história do varejista que usou IA na compra (e depois no marketing) de inventário de cobertor.

Entrevistando o diretor-geral da empresa no Brasil, Paulo Brancaglion, que participou do início do projeto, a forma híbrida foi importante, pois onde há maior demanda e recursos (nos EUA) há também maior número de dados para trabalhar, assim como maior proximidade entre os departamentos para colaboração. Enquanto um time central de excelência é montado nos EUA, as outras regiões começam a se capacitar com recursos coerentes com o seu tamanho, apoiados pelo time global.

A frase que mais me chamou a atenção na entrevista com Brancaglion estava no contexto da importância do treinamento e engajamento de toda a organização no tema. Ele disse: **"E se o dado mostrasse outra coisa, diferente da intuição e experiência das pessoas?"** Se em um caso desses a liderança da equipe decidisse pela experiência, a iniciativa seria desacreditada. Por isso investiram em treinamento que não era técnico, mas sobre a importância da tomada de decisões de negócio baseada em dados para o futuro da empresa, em todas as áreas e regiões.

O time global já sabe, por exemplo, que em mercados com alta demanda, como os EUA, o investimento em compra de mídia — embora possa ser aperfeiçoado — funciona. Mas em mercados menores a forma de trabalho deve ser "de dentro para fora", usando a força dos eventos físicos e a comunicação entre proprietários. Os líderes dos países são capazes de priorizar sua demanda local para trabalhar em conjunto com o time global. Assim todos ganham.

Cultura de dados e IA

De acordo com o artigo "Os três passos de sucesso da transformação digital", da McKinsey de 2016, "a parte mais difícil de uma transformação digital de sucesso é a cultura". A mesma opinião é compartilhada pelas maiores feras que ouvi neste livro: onde mora o maior desafio também reside a arma secreta que separa o fracasso do sucesso.

Entrevistando uma executiva de marketing e dados de um dos maiores varejistas de calçados do país, ouvi que "quando uma empresa caminha para decisões baseadas em dados, os executivos devem perder sua capacidade de julgar as coisas baseados em intuição e passar a confiar em um processo que inclui o aprendizado com dados. Mas ao mesmo tempo a máquina sozinha, sem ponderação das pessoas, pode tomar decisões dramáticas".

Sua frase ilustra muito bem a arte que é a combinação de cultura, tecnologia, processos e pessoas.

A executiva cita a importância de olhar para o todo, do começo ao fim, sendo executivos os maestros de uma orquestra ou pilotos de uma aeronave com centenas de botões. Em sua história, ela conta sobre os desafios no início do projeto de digitalização da empresa: "As pessoas estão acostumadas com os dados que rodam em suas planilhas pessoais, no seu ERP ou CRM. Tudo que não era para seu uso, muita gente preenchia com o que julgavam ser a melhor informação, mas que muitas vezes não era o melhor para a estratégia de marketing".

Eu mesmo, quando levei meu carro para a última revisão, reparei duas coisas interessantes: a primeira era o meu e-mail na tela do vendedor email@email.com, o que me sugere que provavelmente o vendedor à época que me vendeu o carro, achou que essa pergunta ia atrapalhar aquela venda, então copiou e colou um endereço qualquer que o sistema aceita. Sem entender o motivo e o valor daquele dado para a empresa, o time que está na ponta, na relação direta com o cliente, acaba não ajudando.

Ele não faz isso por mal. O vendedor quer vender mais e isso é óbvio. Ele apenas julgou que para o resultado da empresa, para vender mais, é melhor fazer menos perguntas.

Outro exemplo interessante do varejista de calçados foi o de uma vendedora que no cadastro escreveu o nome da cliente como "Claudia Cliente Devedora". Eu acho este exemplo fantástico, porque ilustra a boa intenção da vendedora tentando alertar a empresa de um possível calote. Se ela tivesse uma melhor formação sobre como aquele dado seria usado e para qual finalidade (exemplo: envio de mala direta), com certeza não teria colocado essa informação aí.

"As empresas precisam assumir a responsabilidade de inclusão digital dos seus colaboradores". Essa frase da executiva é chave no entendimento de cultura e engajamento. O olhar para o todo deve começar com as pessoas, depois deve passar pela análise da interdependência dos dados entre as diversas áreas e necessidades da empresa, até que os processos possam ser revistos e criados.

Em uma mudança de processo nesse varejista, foi feita uma transferência de responsabilidade de quem preenchia os dados de características dos produtos. Isso aconteceu porque anteriormente os dados eram apenas dos objetos em si, como cor, material e tamanho. Conforme a empresa evoluiu na digitalização e foco nas experiências do consumidor, outros dados, como uso e estilo, foram necessários. Foi aí que toda essa responsabilidade saiu do time de engenharia e passou para marketing.

Esse tipo de transferência é comum e deve ser vista com bons olhos no mundo em que vivemos hoje. Quando os processos foram desenhados antigamente, foram feitos por determinados motivos de uso de dados. Se os motivos mudaram, devemos mudar os processos. É por isso que, muitas vezes, diante da crescente necessidade do marketing de usar dados, ele acaba abraçando responsabilidades que antes não eram dele.

É pra valer?

Um dos executivos que entrevistei neste livro foi Marcelo Tripoli, Vice-presidente digital da McKinsey no Brasil. Tripoli tem experiência não só como VP de uma consultoria multinacional, mas como empreendedor que fundou uma agência digital e vendeu para o grupo Publicis/Sapient. Em seu dia a dia, Marcelo aconselha CEOs e CMOs de grandes empresas em como se transformar digitalmente, incluindo o uso de tecnologia e inteligência artificial.

Se você acha que essas grandes empresas começam gastando milhões em ferramentas, grandes plataformas de IA ou copiando fórmulas prontas internacionais, errou. Para minha felicidade, nessa entrevista ouvi Tripoli reforçar uma série de pontos que defendi no livro. Não importa se você está em uma empresa pequena, média ou grande, as dicas do Tripoli são valiosas:

"O algoritmo é só uma fórmula matemática, o nome parece sofisticado, mas é só isso. Você não precisa de redes neurais num computador quântico para fazer IA, basta aprender com os dados em processos de criação de hipóteses e testes. As ferramentas de Martech entram em uma segunda etapa, onde os objetivos são automação e escala, mas antes de elas entrarem, é preciso fazer uma mudança cultural nas empresas (e/ou agências) para multiplicar em muitas vezes sua capacidade de teste & aprendizado."

Cultura foi a palavra que eu mais ouvi na conversa com Tripoli. Em uma das passagens, quando dava exemplos, ele fez o seguinte comentário: "É mais difícil mudar a cultura do que criar uma sala com artifícios de metodologia ágil." Ele fazia referência aos modismos que são utilizados de forma limitada, como hackathons e outras dinâmicas de design thinking que adoram colar post-its nas paredes ou levar os executivos para dias inteiros em dinâmicas de construção e concurso de startups. Ambos são belos "fogos de artifício" que, muitas vezes, terminam em PPTs guardados nas gavetas.

Quando Tripoli explica a diferença entre essas dinâmicas e o que realmente funciona nas empresas, ele ressalta que "... [a empresa] não é ágil se não há autonomia, se não segue a jornada do consumidor, se os objetivos não são bem definidos e se, quando um alto executivo da empresa pede uma exceção, esse pedido fura a fila do time ágil".

Após falar com Tripoli, lembrei-me de um projeto do qual participei com uma empresa gigante de bens de consumo, alguns anos atrás. Eu era só um convidado externo. Ficamos uma semana trancados em uma casa com antropólogos, craques de usabilidade, pesquisadores, programadores, designers e gente de negócio pensando o futuro daquela empresa. Colamos post-its, engajamos em dinâmicas de prototipagem e apresentações. Desenhamos coisas incríveis! No último dia, os projetos foram apresentados para dois Vice-presidentes internacionais da companhia. Para se ter ideia da importância desses VPs, eles respondem para o CEO em uma empresa com mais de 150 mil funcionários. Eles aplaudiram os projetos e fui embora, voltando para o meu trabalho.

Dois anos depois reencontrei um dos executivos que, do lado da empresa de bens de consumo, liderou aquela iniciativa. Eu estava muito curioso e perguntei como estavam andando os projetos, e a resposta foi: "Os projetos não foram para a frente, ficaram por ali mesmo. Mas aquela semana foi incrível! Os VPs gostaram tanto do nosso trabalho que fomos promovidos. Nós três (líderes do projeto por parte da empresa) crescemos: fulano foi para a França liderar a área de marketing, eu virei diretor da minha área e ciclano foi promovido e está de mudança para os EUA."

Está aí um exemplo de artifício que não tinha como objetivo criar e lançar (com autonomia) um projeto importante para o futuro da empresa, mas apenas a autopromoção das pessoas.

Eu, de tanto ver dinâmicas de design thinking, concursos de startup e hackathons serem usados apenas como dinâmicas internas, criei a frase: "Hackathon é o novo abraço na árvore". Faço referência àquelas atividades de Recursos Humanos dos anos 1990, quando executivos iam para o interior fazer dinâmicas de grupo onde andavam de barco, se abraçavam, abraçavam árvores e choravam no final.

Essa minha visão crítica no penúltimo capítulo do livro tem um só objetivo: estimular você a fazer melhor, fazer de verdade, para mudar as empresas dando melhores condições de trabalho para seus funcionários usando dados (assim como o banco de investimento, o call center, a montadora, o streaming e a seguradora tradicional), ao mesmo tempo em que pensa na melhor experiência do consumidor (como fizeram a seguradora digital, o aplicativo de táxi, o varejista de calçados e a farmacêutica), sempre focado em resolver reais problemas de negócio.

Figura 48: cuidado com as ilusões em transformação digital

CAPÍTULO 15:

Conclusão

O começo do fim do marqueteiro tradicional

> *O fracasso não é necessariamente ruim. Na verdade, ele não é nada ruim. O fracasso é uma consequência necessária de se fazer algo novo."*
> **Ed Catmull**, cofundador da Pixar e presidente dos Estúdios Disney, em seu livro *Criatividade S.A.*

A HISTÓRIA QUE ESCOLHI PARA TERMINAR O LIVRO É DE UMA ONG. UMA LINDA empresa, bem estruturada, auditada, com mais de uma centena de funcionários, de grande exposição na mídia, apoiada e patrocinada por grandes empresas e executivos de peso. Consultorias internacionais e empresas de tecnologia se empenham em oferecer à ONG os melhores produtos e serviços que possuem. Por esse motivo, mesmo sendo uma ONG de tamanho médio, eles possuem total acesso ao conhecimento de ponta.

Sou fã do trabalho deles e um dia fui convidado para conversar e dar uma breve consultoria de marketing e tecnologia (Martech). Na conferência estavam os diretores de dados, tecnologia e marketing, além do fundador e CEO.

Após uma breve apresentação dos presentes, um dos diretores começou falando sobre a quantidade de doadores existentes no banco de dados, deu detalhes sobre o CRM que utilizam, comentou sobre os processos de enriquecimento de dados e deu destaque para a recente construção do data lake (repositório único de dados que reúne centenas de fontes, desde o site, passando por escritórios, parceiros e até o CRM). Toda essa construção foi assessorada por uma grande consultoria internacional de marketing e tecnologia.

Foi então que fiz a seguinte pergunta: "Entrei no site de vocês na semana passada, me cadastrei e fiz uma doação. E agora, o que vai acontecer?"

Depois de um bom silêncio, eles me perguntaram o que eu queria dizer com isso e eu reforcei: "O que vocês esperam de mim, do Fernando? Como esperam conversar comigo daqui para a frente? Sou um novo doador que acaba de chegar, e daí?"

A resposta do diretor de dados foi: "Não tivemos tempo de olhar isso no detalhe, pois estamos focados construindo o data lake." O diretor de marketing ficou mudo.

Data louco

Para sorte de todos, o CEO estava presente e disse que desejaria que um doador pontual — neste caso, o Fernando Teixeira — se tornasse um doador recorrente e que, engajado, um dia esse doador pudesse convidar amigos para doarem, fomentando uma aquisição orgânica de novos doadores e reduzindo o custo total de aquisição de doadores.

O CEO e fundador tem muito claro os problemas e oportunidades de negócio. O time, por sua vez, me pareceu estar se comportando como funcionários comuns, de uma empresa tradicional, com departamentos divididos e tentando replicar a receita de bolo sugerida pela consultoria.

Somente o CEO estava olhando de dentro para fora.

Todos os outros olhavam de fora para dentro. O diretor de marketing ainda completou pedindo indicações de agências digitais para trocar o fornecedor atual e, assim, resolver "isso aí" que eu tinha dito.

Meu sonho era ter nessa call o mesmo Eduardo Lins que um dia me disse que "departamentos e silos são pragas que quando aparecem a gente elimina...". Meu diagnóstico foi que, com o crescimento da ONG, as funções foram sendo organizadas iguais à nossa gaveta de meias e, suportados pela consultoria, fazendo igual ao que as outras empresas fazem, copiando "boas práticas" globais.

A única boa prática que conheço, porém, não é a do senso comum, é a do **bom senso**.

Toda empresa tem problemas, todo consumidor tem problemas. O mundo é cheio de desafios incríveis e estimulantes para todos nós. Os dados, quando trabalhados com criatividade, estatística e computação, objetivando resolver problemas de negócio, podem fazer maravilhas.

Fora isso, toda solução milagrosa, todo atalho, construção de data lakes, hackathons, palestras e consultorias para mim são data loucos: acabam gerando artifícios e "bandos" de dados que ficam bonitos nos gráficos e em enormes TVs na sala dos presidentes das empresas, mas com pouca utilidade.

A solução não está nos termos complexos nem na tecnologia em si, mas nas pessoas que devem se libertar dos processos e departamentos antigos, focar nos problemas, construir hipóteses, montar modelos e testar para aprender. A solução está na gestão.

Figura 49: plataformas não fazem tudo sozinhas

Não existe copy/paste

Segui a entrevista perguntando o que esperavam extrair do data lake, se já tinham pensado em cruzar entradas e saídas para criar modelos preditivos e, assim, por exemplo, encontrar novos doadores propensos em vez de investir em mídia e a resposta foi "ainda não".

O que mais me chama a atenção nessa história é que, por ser uma empresa de médio porte e nacional, eles poderiam ser diferentes e fazer coisas melhores, longe dos vícios corporativos tradicionais. Acontece que eles são bons mesmo é em ser ONG. São espetaculares nisso e esse é o negócio deles. **Marketing não é o negócio deles, mas para mim deveria ser. Deles e de todas as empresas.**

Infelizmente, por pensarem "de fora para dentro" também na hora de copiar o que se faz de marketing, consultoria e tecnologia por aí, além de contratarem pessoas com o critério de "já terem sido expoentes de marketing e/ou tecnologia em grandes empresas anteriormente", ficaram perdidos no tempo.

Nos dias de hoje, essa forma de "importar experiência marketing" é mais um acelerador do **início do fim do marqueteiro tradicional**, levando a mais demissões de CMOs. As fórmulas de ontem, do pensamento em funil, da construção de data lakes ou da troca de agência de propaganda sempre quando a coisa vai mal são ferramentas gastas na caixa do marqueteiro que, de repente, se preparou para um jogo de futebol, mas quando viu estava jogando polo aquático na piscina. A água subiu e não são mais as pernas velozes ou o chute forte que farão a diferença.

O passado é um perigo na vida das pessoas. Em primeiro lugar porque se sentem confiantes para replicar o que sempre deu certo em um novo mundo, que é cada vez mais cheio de volatilidade e incertezas. Em segundo lugar, porque não só os marqueteiros, mas também quem os contrata — incluo aqui minha crítica aos recrutadores, Headhunters e RHs —, que ainda acreditam na fórmula de que só quem trabalhou muitos anos no marketing da empresa X será ótimo no marketing da empresa Y. Mais importante do que o currículo são as capacidades.

Cabe a você liderar essa mudança na sua empresa

Agora que você chegou ao fim do livro, sabe que a IA é democrática, tem códigos abertos, está na nuvem e roda até em programas gratuitos. Com o direcionamento que teve aqui, você não tem desculpas para não iniciar um ótimo trabalho e se diferenciar dos marqueteiros tradicionais.

Se você já fez o investimento em tecnologia, estou certo de que agora tem bagagem suficiente e exemplos de uso inspiradores que certamente farão a diferença no seu exercício diário de extrair máximo valor do que comprou. Você vai brilhar com esse ROI.

Eu, de verdade, espero ter finalmente respondido àquela pergunta que me inspirou a escrever quando eu disse que "daria para escrever um livro" sobre tudo o que vem antes da tecnologia.

Lembre-se

Por favor, nunca se esqueça de sempre pensar **de dentro para fora** antes de sair comprando mídia por aí. Não faça como todo mundo fez, não acredite nas ideias dos festivais de criatividade, nem saia copiando gringos ou seus concorrentes. Você pode fazer melhor.

Lembre-se de que a IA é mais simples do que parece. Ela nasce da união da **estatística** com a **computação**. Basta aplicar o diagrama de entradas e saídas em tudo que você vê e um universo de novas ideias virá à sua mente. Você vai criar regras e algoritmos tomando banho.

Abuse da **criatividade** e da **visão analítica**. Não tenha medo de sugerir ideias que vão fracassar, tampouco tenha receio de usar os grupos de controle, pois eles vão, com o tempo, blindar seus projetos à prova de qualquer crítica sem noção.

Liberte as pessoas dos departamentos dando a elas **autonomia** para que possam se unir com pessoas diferentes, **diversas**, em torno de projetos de **propósito** e transformação.

Confie no **processo**, como já disse Ed Catmull, cofundador da Pixar e presidente dos Estúdios Disney: "Quando os cientistas têm uma pergunta, constroem hipóteses, testam, analisam e traçam conclusões — e só então fazem tudo de novo." E termina dizendo que "qualquer resultado é um bom resultado, porque ele nos dá novas informações".

E, por fim, **foque nos problemas de negócio**. Deixe o *chatbot* da moda ou aquela famosa plataforma de IA adotada pela sua empresa de lado, ou melhor, deixe essas iniciativas para o marqueteiro tradicional fazer fumaça enquanto você entrega; pois, logo mais, você também poderá ter o destino daquele matemático que virou CEO que comentei no primeiro capítulo.

Mato alto

Uma das expressões que mais gosto no mundo de negócios é "mato alto": ela simboliza o excesso de oportunidades e problemas para se resolver em uma empresa. Se de um lado você agora deve estar com centenas de ideias para cortar o mato alto na sua empresa, vou te dar mais um argumento: em pesquisa de 2019 (Figura 50), a Adobe perguntou a profissionais da área de serviços financeiros (bancos, seguradoras etc.) se "o departamento de marketing bateu as metas do ano passado" e apenas 36% dos entrevistados superaram as metas. O restante (64%) somente "cumpriu" ou ficou abaixo disso.,

2019 Adobe Digital Trends Survey in FSI

Figura 50: estudo Adobe 2019

Estudos como esse da Adobe são inspiração para você que chegou até aqui, terminou o livro e tem nas mãos uma nova caixa de ferramentas, elevada à IA, para superar suas metas e seus concorrentes.

Não vai ser fácil e você provavelmente vai errar diversas vezes. Faz parte. Como me disse o Migrone, VP da SAP, sobre adoção de IA no marketing: "vai dar mais trabalho, mas vai valer muito a pena, porque existe uma melhora absurda com escala (fazer mais e falar com mais gente) atrelada à assertividade (falar com as pessoas certas)".

Vou fechar o livro com Foo Fighters, porque foi a banda que mais escutei enquanto escrevia este livro. Eu gosto de me concentrar com música boa, bem alta. Uma das minhas favoritas é "Best of You", que significa o melhor de você.

> *Juro que nunca vou desistir*
>
> *Eu me recuso*
>
> *Alguém está tirando o melhor?*
>
> *O melhor, o melhor, o melhor de você?*

Não reclame da situação, da crise, do chefe ou do departamento, recuse-se, não desista e vamos fazer o melhor de nós mesmos. O melhor que podemos ser.

Figura 51: de volta à realidade

ANEXO

TESTE COMPLETO

O quanto elevado à IA é seu marketing?
(1- fazemos pouco até 4- fazemos muito)
Este teste também está disponível no site marketing-ia.com

1( ) 2( ) 3( ) 4( ) Sempre procuramos falar com os consumidores de forma individual

1( ) 2( ) 3( ) 4( ) Antecipamo-nos às necessidades dos consumidores

1( ) 2( ) 3( ) 4( ) Temos a mesma visão única do consumidor em todos os departamentos

1( ) 2( ) 3( ) 4( ) Fazemos otimizações de investimentos usando estatística

1( ) 2( ) 3( ) 4( ) Times são multidisciplinares e têm autonomia para iniciativas próprias

1( ) 2( ) 3( ) 4( ) Utilizamos de poder computacional para processar trilhões de dados

1( ) 2( ) 3( ) 4( ) Capturamos dados e interagimos em sites, celulares, lojas, IoT e apps

1( ) 2( ) 3( ) 4( ) Treinamos algoritmos com dados próprios, organizados e unificados

1( ) 2( ) 3( ) 4( )	Utilizamos modelos preditivos nas interações com consumidores
1( ) 2( ) 3( ) 4( )	Times colaboram com frequência e possuem objetivos compartilhados
1( ) 2( ) 3( ) 4( )	Enviamos mensagens utilizando gatilhos em tempo real
1( ) 2( ) 3( ) 4( )	As experiências dos clientes e dos funcionários são de igual importância
1( ) 2( ) 3( ) 4( )	Nós e nossos consumidores concordamos que nossa experiência é ótima
1( ) 2( ) 3( ) 4( )	Interações são personalizadas por audiências (grupos, segmentos)
1( ) 2( ) 3( ) 4( )	Confiamos nos dados e no processo mais do que em intuição
1( ) 2( ) 3( ) 4( )	Toda iniciativa de uso de dados nasce de um desafio de negócio
1( ) 2( ) 3( ) 4( )	Profissionais de marketing ganham escala com ferramentas na nuvem
1( ) 2( ) 3( ) 4( )	Usamos regressões para aprender sobre propensão no marketing
1( ) 2( ) 3( ) 4( )	Confiamos nos processos e controlamos nosso apego às ideias da moda
1( ) 2( ) 3( ) 4( )	Nossos times criam e testam hipóteses todos os dias
4( ) 3( ) 2( ) 1( )	Só ouvimos o "Na minha experiência..." quando embasado em dados
4( ) 3( ) 2( ) 1( )	Substituímos o pensamento de funil pela curiosidade, usando os dados
4( ) 3( ) 2( ) 1( )	Medimos tudo o que importa para nossos indicadores de negócio
4( ) 3( ) 2( ) 1( )	Sempre consultamos referências científicas e publicações anteriores

4( ) 3( ) 2( ) 1( )	Todos os dias temos experimentos sendo criados, testados ou validados
1( ) 2( ) 3( ) 4( )	Procuramos correlações e predições para personalizar experiências
4( ) 3( ) 2( ) 1( )	Comportamento passado explica comportamento futuro
4( ) 3( ) 2( ) 1( )	Lançamos projetos-piloto com frequência, para depois escalar
4( ) 3( ) 2( ) 1( )	Temos times multidisciplinares, incluindo estatísticos e cientistas de dados
4( ) 3( ) 2( ) 1( )	Personalizamos experiências no site, app e e-mail com base em propensão
1( ) 2( ) 3( ) 4( )	Coletamos dados aos poucos, conforme entregamos experiências
4( ) 3( ) 2( ) 1( )	Não compartilhamos dados identificáveis com veículos de mídia
4( ) 3( ) 2( ) 1( )	Aconselhamos consumidores sugerindo o que é melhor para eles
4( ) 3( ) 2( ) 1( )	Respeitamos totalmente a privacidade dos usuários e as leis
4( ) 3( ) 2( ) 1( )	O melhor para as pessoas está sempre em primeiro lugar
1( ) 2( ) 3( ) 4( )	Usamos propensão em diversos canais ao mesmo tempo (site, fone...)
1( ) 2( ) 3( ) 4( )	Baseamo-nos em media mix modeling para planejar a compra de mídia
1( ) 2( ) 3( ) 4( )	Já substituímos a segmentação demográfica por audiências com propensão
1( ) 2( ) 3( ) 4( )	Elencamos consumidores de acordo com o CLV
1( ) 2( ) 3( ) 4( )	Nossas ações seguem propensões como as de aquisição e cancelamento

1( ) 2( ) 3( ) 4( )	Já nos livramos e não investimos mais em banners retargeting
1( ) 2( ) 3( ) 4( )	Debochamos do CPM e focamos apenas em conversões e ROI
1( ) 2( ) 3( ) 4( )	Agrupamos consumidores de acordo com modelos preditivos
1( ) 2( ) 3( ) 4( )	Somos criativos no uso dos dados first, second e third party
1( ) 2( ) 3( ) 4( )	Testamos diferentes modelos estatísticos em paralelo
1( ) 2( ) 3( ) 4( )	Com IA, ajudamos também nossos vendedores e funcionários no trabalho
1( ) 2( ) 3( ) 4( )	Utilizamos dados das redes sociais, além da compra de mídia
1( ) 2( ) 3( ) 4( )	Sabemos que NPS é apenas um indicativo barulhento e não um objetivo
1( ) 2( ) 3( ) 4( )	Abusando da estatística também retemos e promovemos pessoas no time
1( ) 2( ) 3( ) 4( )	Com dados, já encontramos gorilas nas quadras de basquete
1( ) 2( ) 3( ) 4( )	Utilizamos a técnica de supressão de audiência na compra de mídia
1( ) 2( ) 3( ) 4( )	Mapa de X? Não me lembro da última vez em que vi um
1( ) 2( ) 3( ) 4( )	Abusamos de variância em nossos planos de mídia
1( ) 2( ) 3( ) 4( )	Gastamos menos e gastamos melhor com audiências na compra de mídia
1( ) 2( ) 3( ) 4( )	Marketing é mais que marketing, incluindo produto, vendas, CRM etc.
1( ) 2( ) 3( ) 4( )	Usamos ferramentas de marketing na nuvem para realizar testes A/B

1( ) 2( ) 3( ) 4( )	Analisamos nossas campanhas sempre contra grupos de controle
1( ) 2( ) 3( ) 4( )	Experimentos são mais importantes que experiência
1( ) 2( ) 3( ) 4( )	ROI é sempre medido com base no ganho incremental (lift)
1( ) 2( ) 3( ) 4( )	Usamos testes A/B para separar causa de consequência
1( ) 2( ) 3( ) 4( )	Nossa diversidade é o motor da nossa inovação
1( ) 2( ) 3( ) 4( )	Pedidos do presidente são avaliados como os de qualquer outra pessoa
1( ) 2( ) 3( ) 4( )	Sentimos que trabalhamos por um propósito, acima do salário
1( ) 2( ) 3( ) 4( )	Impulsionamos as forças das pessoas, ao invés de corrigir fraquezas
1( ) 2( ) 3( ) 4( )	Não precisamos de hackathons quando queremos abraçar uns aos outros

Agora é só somar e marcar sua posição na régua (entre 0 e 260)

[00]   [65]   [130]   [195]   [230]

Índice

A

Agências de propaganda 7-11

Alcance 26-30

Algoritmo 72-76

Análise preditiva 33-37

Assimetria de informações 93-96

B

B2B (Business to Business) 164-168

Beacons 189-193

C

Churn   107-111, 134-138, 167-171, 203-207

   taxa de rotatividade 108-110

Ciência de dados 36-40

Comissão de mídia 231-235

Computação em nuvem 27-31

Comunicação preditiva 33-37

Consumidor no centro 33-37

Custo de aquisição (CAC) 239-243

D

Dados de treinamento 100-104

Data lake 258-262

Decisões de negócio 99-103

Departamentos 234-236

Design thinking 251-254

Desvio padrão 130-134

E

Efeito âncora 217-221

Empresa de software 22-26

Engajamento 168-172

Estatística 99-103

ETL 109-113

Experiência de Valor 33-37

F

Ferramentas de Martech 251-254

First, second e third party 159, 239-243

Frequência de compras 26-30, 138

Funil de conversão 26-30, 57-61, 83-87

G

Ganho de informação 111

Gatilhos 29-33, 188-192

Gráficos de audiência 189-193

Gross Rating Points (GRP) 190-194

Grupos de controle 220-224, 244-248

H

Hábitos 100-104

Hackathons 251-254

Hospedagem 96

I

Ilusões de ótica 117-121

Incentivos 93-96

IoT 27-31, 91-95

J

Joint venture 196-200

K

Key Performance Indicators (KPIs) 178, 239-243

L

Leads 195-199

Lift 219-223

Linha de produção 52-54

Look-alike Modeling 103-107, 153-157

M

Machine learning 75-79

Marketing 58

ações de marketing 100-104

marketing de interrupção 58-62

marketing preditivo 33-37

Maximização da experiência 33-37

Media mix modeling (MMM) 102-106, 193, 240-244

Mensagem Otimizada 33-37

Métodos não supervisionados 103-107

Métodos supervisionados 103-107

Mídia de massa 26-30

Mídia kits 190-194

N

Next Best Action 115-119

Next Best Offer 115-119

O

Objetivo ou variável resposta 103-107

informação da saída 103-105

Omnichannel 30-34

Oportunidades de negócio 102-106

Outliers 129-133

P

Pensamento analítico 64-68

Personalização 14-18, 30-34

  hiperpersonalização 31-35

  personalização algorítmica 33-37

  personalização em escala 33-37

  personalização máxima 33-37

Produto digital 198-200

Propensão 8-12, 62-66

Próxima melhor oferta/ação 33-37

Q

Qualificação de leads 169-173

Quantidade de informação 240-244

Queima de estoque 239-243

R

Random forest 120-124

Recomendação de produtos 33-37

Reduzindo o cancelamento 181

Regressão linear 122-126

ROI 141-145, 219-223, 259-262

S

Segmentação e audiências 33-37

Sensibilidade a preço 223-226

Sistemas de recomendação 145-149

  baseada em conteúdo 145-147

  colaborativa 145-147

Supressão de audiência 147-151

T

Tecnologia e estatística 95-96

Teste & aprendizado 251-254

Ticket médio 117-121, 220-224

Times multidisciplinares 50-54

U

Última milha 85-88

Unicórnios 142-146

Uso de dados 12-16, 94-96, 250-254

V

Valorização do marketing 15-19

Vantagens competitivas 7-11, 201-205

Variância 191-195

Venda cruzada 144-148

  cross-sell 144-148

Verificação de sanidade 241-245

Viés cognitivo 214-218

Visão analítica 260-262

X

XML Solver 150-154

Projetos corporativos e edições personalizadas dentro da sua estratégia de negócio. Já pensou nisso?

Coordenação de Eventos
Viviane Paiva
viviane@altabooks.com.br

Assistente Comercial
Fillipe Amorim
vendas.corporativas@altabooks.com.br

A Alta Books tem criado experiências incríveis no meio corporativo. Com a crescente implementação da educação corporativa nas empresas, o livro entra como uma importante fonte de conhecimento. Com atendimento personalizado, conseguimos identificar as principais necessidades, e criar uma seleção de livros que podem ser utilizados de diversas maneiras, como por exemplo, para fortalecer relacionamento com suas equipes/ seus clientes. Você já utilizou o livro para alguma ação estratégica na sua empresa?

Entre em contato com nosso time para entender melhor as possibilidades de personalização e incentivo ao desenvolvimento pessoal e profissional.

PUBLIQUE
SEU LIVRO

Publique seu livro com a Alta Books.
Para mais informações envie um e-mail para: autoria@altabooks.com.br

CONHEÇA OUTROS LIVROS DA **ALTA BOOKS**

Todas as imagens são meramente ilustrativas.

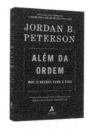

 /altabooks   /alta-books   /altabooks  /altabooks